U0457393

琅嬛奇珍

宋刊老子道德經古本集注直解

[宋]范應元 集注

中國書店

圖書在版編目（ＣＩＰ）數據

宋刊老子道德經古本集注直解 ／（宋）范應元集注
． — 北京 ：中國書店，2021.5
（琅嬛奇珍叢書）
ISBN 978-7-5149-2747-4

Ⅰ．①宋… Ⅱ．①范… Ⅲ．①道家②《道德經》－注
釋 Ⅳ．①B223.12

中國版本圖書館CIP數據核字(2021)第040351號

宋刊老子道德經古本集注直解

[宋] 范應元　集注
責任編輯：劉深

出版發行： 中國書店
地　　址：北京市西城區琉璃廠東街115號
郵　　編：100050
印　　刷：藝堂印刷（天津）有限公司
開　　本：787毫米×1092毫米　　1/16
版　　次：2021年5月第1版　2021年5月第1次印刷
印　　張：20.75
書　　號：ISBN 978-7-5149-2747-4
定　　價：155.00元

内容提要

《道德經》，又稱《老子》《五千言》《老子五千文》，相傳爲春秋時期的老子李耳撰寫，是道家哲學思想的重要來源。《道德經》分上下兩篇，原文上篇《德經》、下篇《道經》，不分章，後改三十七章之前爲《道經》，第三十八章之後爲《德經》，共八十一章。是中國歷史上首部完整的哲學著作。

現在可以看到的《道德經》最初版本，是一九九三年湖北荆門郭店楚墓出土的竹簡《老子》。一九七三年長沙馬王堆三號漢墓出土的甲乙兩種帛書《老子》，爲西漢初年的版本，把《德經》放在《道經》之前，受到學者的重視。

唐朝的玄奘法師將《道德經》譯成梵文，傳到印度等國。從十六世紀開始，《道德經》就被翻譯成了拉丁文、法文、德文、英文、日文等。十九世紀初歐洲人開始深入研究《道德經》，二十世紀四五十年代，歐洲出現六十多種《道德經》譯文，德國哲學家黑格爾、尼采，俄羅斯大作家托爾斯泰等對《道德經》都有深刻的理解。尼采曾説，老子《道德經》像一個永不枯竭的井泉，滿載寶藏，放下汲桶，唾手可得。據聯合國教科文組織統計，在世界文化名著中，譯成外國文字出版發行量最大的是《聖經》，其次就是《道德經》。

《道德經》著成以來，歷代進行注釋者頗多，此本爲宋范應元集注《道德經》，宋刻本，有抄配。范應元生平可考者，見諸褚伯秀《南華義海纂微》後序。序云：『淳祐丙午歲，幸遇西蜀無隱范先生游京，獲侍講席，幾二載。』又云：『師諱應元，字善甫，蜀之順慶人。』可知范應元爲褚伯秀之師，淳祐戊申（一二四八）尚在世。褚氏後序作于咸淳六年庚午（一二七〇）。褚氏又云：『江湖宿德，稔知其人。』因知范氏在南宋末葉頗負盛名。

范氏《老子道德經古本集注直解》，徵引古本及前人音訓注釋凡四十餘家，附以范氏本人的見解。其内容體現由精氣至性命，最後歸結爲修心的解《老》思路。此書《道藏》失收，焦竑《老子翼》采摭亦不及，洵爲道家之佚典，甚爲珍貴。書末有范應元自序稱：『偶因道友來求，難以藁付。復念老矣，將形稿于一丘，惟恐此經寢失古本，遂命工鏤板，藏諸名山。』由是知此書在范氏生前曾經付梓。又，書中有卷上頁二十八『敦兮其若樸』之『敦』字缺筆，卷下頁五十二『慎終如始則無敗事』之『慎』字缺筆，由其避諱可證其爲宋本，或即此書之初刻本亦未可知。

此本鈐有元末明初陳汝言藏印『陳印汝言』等，傅增湘先生《藏園群書經眼録》卷十考證：陳汝言爲元末吴中人，名汝言，字惟允，又字秋水。能文善畫，倜儻知兵，張士誠辟爲太尉參謀，貴寵用事。可知此本自元末即由名家收藏。此書至清末爲鄧邦述收藏。又鈐『沈氏家藏書印』『沈彦忠父』

『李印藏書』『冬涵閲過』『虚白室道人』等諸印。此書還經繆荃孫、沈曾植、楊守敬、鄧邦述、章

鈺、王闓運題跋，流傳有緒，彌足珍貴。

中國國家圖書館　李江波

二〇一九年八月二十日

目録

宋刊老子道德經古本集注直解

九

老子道德經古本集註二卷

山陰魏戫題耑

老子道德經□　古本集註上　宜齋邱氏

前玉隆萬壽宮宗學堂教　南嶽壽宮觀長講果山范應元集註直解

道可道章第一

常久之道自然而然萬物得之以生而

不知老氏應運說經垂世立教始與標

名故以道可道章爲首

道可道非常道

道者自然之理萬物之所由也　傳奕云天

也通也　韓康伯　云无不通也　○可道者謂

可言也常者久也道一而已有體用焉未

有不得其體而知其用者也必先體立然

後用有以行老氏說經先明其體常者言

其體也可道者言其用也體用一源沠有

二道也今夫仁義禮智可言者也皆道之

用也人徒知惻隱之心仁之端也羞惡之

心義之端也辭讓之心禮之端也是沠之

心智之端也而不知其體是道也

分裂四出末流不勝其弊夫惟先知其體

之一則日用常行隨事著見无有不當

自然之理也如是則然後又而无弊矣故

凡道之可以言者非常久自然之道也夫
常久自然之道有而无形无而有精其大
无外故大无不包其小无内故細无不入
无不通也求之於吾心之初則得之矣人
物莫不由此而生聖賢莫不體此而立然
此道雖周行乎事物之際相傳乎典籍之
中而其妙處事物莫能雜言辯莫能及故
人鮮造詣於是老子應運垂教不得巳而
發明之既發明之豈容離乎言哉故首曰
道可道非常道意欲使人知常久自然之

道不在言辭當反求諸巳而自得之於吾

心之初也　蘇子由曰莫非道也而可道者

不可常惟不可道而後可常尒今夫仁義

禮智此道之可道者也然而仁不可以爲

義禮不可以爲智可道之不可常如此惟

不可道然後在仁爲仁在義爲義在禮爲

禮在智爲智彼皆不常而道常不變不可

道之能常如此

名可名非常名

名者猶人之有名也凡名之可以名字者

皆其可道者非常久自然之道也且如万

物生來未嘗有名亦只是昔人與之着名

以分別之尒万物有形固可以道可以名

惟常久自然之道為万物之母而无形故

不可道不可名也　蘇曰道不可道而況得

而名之乎凡名皆其可道者也名既立則

方圓曲直之不同不可常矣

无名天地之始

天地之先元有此道渾淪未判孰得而名

有名万物之母

渾淪既判天地人物從此而生聖人見是

万物之母而无形故強字之曰道強爲之

名曰大因其无名強爲之名俾一切人假

此有名探其无名以復其初也

故常无欲以觀其妙

常无絕句觀去聲諦視也妙微妙也○常

又自然之道自古固存然而无形无聲微

妙難窮故謂之常无則欲要使人以觀其

微妙也惟人也由此道而生爲万物之最

靈誠能回光反視於吾身之中悟一真體

雖至虛而物无不備則道之微妙可得而

觀矣夫如是乃知一理包乎万殊凡物凡

事不可違自然之理也古本并 河上

弼李若愚張君相 常无上並有故字音

玄常无常有合作斷句

常有欲以觀其徼 音斗

常有絕句觀平聲徼循也境也 河上公曰

歸也 ○大道自然化生万物在天則成日

月星漢等之象在地則成山川草木等之

形在人則成身體髮膚等之質故謂之常

有則欲要使人以觀其境也惟人也中天

地而立爲三才之一果能仰觀俯察於兩

儀之內悟万物形雖不同而理无不在則

道之境致可得而觀矣夫如是乃知万殊

歸於一理凡物凡事固當循自然之理也

此兩者同出而異名同謂之玄

兩者常无與常有也玄者深遠而不可分

別之義蓋非无不能顯有非有不能顯无

无與有同出而異名也以道爲无則万化

无之而出以道爲有則无形无聲常常不

變故曰常无常有也无有之上俱着一常
字乃指其本則有无不二深遠難窮故同
謂之玄也竊嘗謂有无固不足以論道然
自其微妙而言不可不謂之常无自其著
見而言不可不謂之常有分而言之妙是
微徽是顯合而言之无與有同出而異名
妙徽皆一道也此老氏所以兼有无貫顯
微合同異而爲言也人能如是觀之則與
微相通物與我混融表裏洞然本无留碍
亦无差別也

玄之又玄衆妙之門

常父自然之道本不可以名言今既強字
之曰道矣且自其微妙而謂之常无又自
其著見而謂之常有復自其本之有无不
二深遠難窺而同謂之玄是皆不免乎言
焉玄之又玄則猶云深之又深遠之又遠
非无非有非異非同不知所以然而然終
不可得而名言分別之也然万化由斯而
出各具妙故曰衆妙之門老氏憫夫世
人逐末忘本寖失真源不得巳而應機垂

訓又恐人溺於言辭弗能內觀竅復示人
以深意必使反求諸己欲其自得之而入
眾妙之門以復其初又能體是而行以輔
万物之自然而同歸于一也唯人為万物
之最靈誠能反觀則是道也湛然常存夫
何遠之有此章直指此心之初自然之理
使不惑於有无同異得意忘言昇玄極妙
乃入道之門立德之基實一經之總也宜
深味之

天下皆知章第二

道常无爲初无美惡繞涉有爲便有美

惡貴在无爲而成不言而信故次之以

天下皆知章

天下皆知美之爲美斯惡巳天下皆知善之

爲善斯不善巳_本_古

巳音以語助○自古聖人體此道而行乎

事物之間其所以全美盡善而人不知爲

美善者蓋事物莫不自然各有當行之路

故聖人循其自然之理行而中節不自矜

伐以爲美善也儻矜之以爲美伐之以爲

善使天下皆知者則必有惡與不善繼之也

故有充之相生難易之相成長短之相形高

下之相傾音聲之相和前後之相隨

此以證上文美與惡為對善與不善為對

是以聖人處无為之事行不言之教

是以者承上接下之義聖人者統於道者

也亦大而化之之稱後皆倣此。處无為

之事者體道也道常无為而无不為聖人

則虛心而應物也行不言之教者配天也

天何言哉四時行焉百物生焉聖人則循

理而利物无有不當斯不言之教也

万物作焉而不爲始帖

同古本作者動也○蓋寂然不

動感而遂通者道也聖人體道而立物感

而後應故不爲始也

生而不有爲而不恃功成而不處夫惟不處

是以不去

云古本皆是處字○万物之生育運

爲皆由於道而道未嘗以爲巳有亦未嘗

自恃至於功成而未嘗以自處夫惟不以

功自處是以物不違也聖人體道而立故
亦如是豈有惡與不善繼之哉

不尚賢章第三

有美則有惡有尚則有爭不若使民无
知无欲故次之以不尚賢章

不尚賢使民不爭 声平

尚好也賢能也又說文多才也爭競也○

謂偏尚才能之人則民必競習才能以爭

功名而不反求自然之道也且小才小能

可用於人而不可用人務才而不務德非

君子也人君不偏尚小才小能之人而民

自不爭**河上公**曰賢為世俗之賢不尚者

不貴之以祿不尊之以位也

不貴難得之貨使民不為盜

難得之貨謂金玉之類儻貴之則民愛其

物而患其無无以至為盜

不見可欲使民心不亂

欲貪也亂素也**音辯**云古本皆有民字〇

不見有可貪之事物則民心自然一素亂

矣**蘓**曰見可欲則民患於不得而至於亂

天地不仁章第五

能用道則能守中能守中則德合於天
地矣故次之以天地不仁章

天地不仁以万物為芻狗

仁者愛之理〇謂天地生育其仁大矣而
不言仁其於万物譬如結芻為狗以祭祀
其未陳也盛以篋衍巾以文繡非愛也乃
時也及其已陳也行者踐其首脊蘇者取
而爨之非不愛也亦時也夫春夏生長亦
如芻狗之未陳秋冬凋落亦如芻狗之已

陳皆時也豈春夏愛之而秋冬不愛哉氣

至則万物皆不知其所以然而然也 音辯

玄芻狗束草爲芻狗也

聖人不仁以百姓爲芻狗

聖人體此道以博愛其仁亦至矣而不言

仁其於百姓亦如天地之於万物轄其自

然而不害之使養生送死无憾不知帝力

何有於我哉

天地之間其猶橐籥乎虛而不屈動而愈出

囊底曰橐竹管曰籥冶煉之處用籥以接

囊槖之風炁吹鑪中之火熾者曲也

去俞羊朱切傳云引廣雅云益也漢史有

民俞病困○天地之間虛通而已亦如竹

管之接炁虛而不曲也氣來則通氣往則

不積譬彼囊風之俞動則此篇炁之俞出

鑪中之物既各成器而囊籥未嘗言乎也愛

多言數窮不如守中朝音窮

万物之多百姓之衆聖人不過推此一道

而博愛之豈區區言乎也僅多言乎愛而

不能軆道則空有其言而无實效故多言

則數窮也不如同天地守中虛之道而无

偏曲則万物自然各得其所也豈有窮哉

谷神不死章第六

天地之間盅焉為和而妙用莫測生育

无窮故次之以谷神不死章

谷神不死是謂玄牝

谷神猶言虛靈也不死猶言无極也玄牝

言其生物而不見其所以生也謂虛靈无

籔此乃生物之牝而不見其所以生故曰

玄谷神二字傳寫夾云幽而通也同馬溫公

曰中虛故曰谷不測故曰神 曰谷至虛

而猶有形谷神則虛而无形也虛而无形

尚无有生安有死邪謂之谷神言其德也

謂之玄牝言其功也牝生万物而謂之玄

焉見其生之而不見其所以生也

玄牝之門是謂天地根

門者指陰陽也以其一闔一闢往來不窮

而言也陰陽者以道之動靜而言也動而

曰陽動極而靜曰陰動極而靜靜極復動

開闔不忒生育无窮根者謂天地本於此

也人能於此心之初得之則知天地之根

无根之根也玄牝之門无門之門世谷神

不神之神也豈有窮盡哉㊙曰玄牝之門

言万物自是出也天地根言万物自是生也

綿綿若存用之不勤

謂谷神之在天地綿綿密密而无極也然

視之不可見聽之不得聞用之不可既故

曰若存天地用之而四時行百物生未嘗

勞也谷神在人亦然綿綿密密生生无窮

以爲本无執主此身以爲本有竟居何所

故曰若存善用之者未嘗勞也何有終窮

哉此章宜深體之或有專就修養上解者

然必湏認得谷神方可蘓曰綿綿微而不

絕也若存存而不可見也能如是雖終日

用之不勞矣

天長地久章第七

谷神不死故能生育天地无私故能長

久故次之以天長地久章

天長地久天地所以能長且久者以其不自

生故能長生

有形之長久者莫如天地天地均由道而
生所以能長且久者以其安於无私而不
自益其生故能長生也 河上公曰謂天地
長生久壽以喻教人
是以聖人後其身而身先外其身而身存
聖人謙下不與人爭先而人自然尊之聖
人无爭不與物爲敵而物莫能害之
非以其无私邪故能成其私
邪余遮切疑辭○謂聖人謙下无爭非以
其无私邪此言其實无私也而人自然尊

之物莫能譽之蓋以其无私故能成其私
也聖人成其私者非私曲也非私邪也謂
眾人之自益其生所以不能得先且存而
聖人之謙下无爭所以獨能得先且存也
蘇曰天地生物而不自生立於万物之外
故能長生聖人後其身而先人外其身而
利人處於眾人之表故能先且存如使天
地與物競生而聖人與人爭得則天地亦
一物介聖人亦眾人尒何以大過之哉雖
然彼其无私非以求成私也而私以之成

上善若水章第八

天地不自生而長生聖人无私而私自

成蓋上善若水而利物又能不爭而无

尢故次之以上善若水章

上善若水水善利萬物而不爭居衆人之所

惡[去声]故幾[平声]於道本古

幾近也水之為物得天一之炁无定形而

靡不通故潤萬物者莫潤乎水乃善利也

遇方則方遇圓則圓何爭之有上善之人

道則固然尒

則微妙玄通常善利於人物而不爭故善
亦如水衆人好高而惡下水獨處之上善
之人常謙下也有此之德故近於道易六
十四卦惟謙卦有吉而无凶悔吝 河上公
曰上善之人如水之性 蘇 曰一本道下有
羙字易曰一陰一陽之謂道繼之者善也
成之者性也又曰天以一生水蓋道運而
爲陰陽猶氣運而生水也故曰上善若水
水者自然而始成形故其理同无所不
在无所不利而水亦然而既巳麗於形

則於道有間矣故曰幾於道然而可名之

善未有若此者也故曰上善

居善地心善淵與善仁言善信政善治事善

能動善時夫惟不爭故无尤

居善地者可止則止心善淵者中常湛靜

與善仁者稱物平施言善信者聲不妄發

政善治者德惟无私事善能者无所不通

動善時者可行則行有是德而有是善夫

惟不爭是以无過而全德盡善也　蘇曰有

善而不免於人非者以其爭也水惟不爭

故兼七善而无尤

持而盈之章第九

水能善利万物而不爭人當功成名遂
而身退故次之以持而盈之章．

持而盈之不如其已揣而銳之不可長保
已止也揣初委丁果二切度也。○滿則溢
夫欲持而固之不如其止銳則挫矣欲揣
而利之豈可長保[蘇]曰知盈之必溢而以
持固之不若不盈之安也知銳之必折而
以揣先之不可必情也若夫聖人有而不

有尚安有盈循理而後行尚安有銳无盈

則无所用持而无銳則无所用揣矣

金玉滿室莫之能守富貴而驕自遺其咎

室字嚴遵楊孚王弼同古本遺贈也○貪

尌而輕命則物來身亡矣富貴而驕奢則

喪身而狹後矣[河上公]曰富當拯人貧貴當

憐賤而反驕恣即禍患也

功成名遂身退天之道

陰陽運行功成者退天之道也人當效天

故自古及今功成名遂而身不退者禍每

及之老子之言万世龜鑑如子房者乃合

天之道也　蘇曰日中則後月滿則虧四時

之運功成者去天地尚然而況於人乎

載營魄章第十

故次之以載營魄章

能功成名遂而身退者則為而不恃也

載營魄抱一能无離乎

營魄兔魄也內觀經曰動以營身之謂兔

靜以鎮形之謂魄　河上公曰營魄兔魄也

○兔屬陽魄屬陰一者道之一也謂身載

竟魄抱道之一項剋无離人能之乎

專炁致柔能如嬰兒乎滌除玄覽能无疵乎

專者靜定不撓之義疵黑病也○夫嬰兒

氣專而和柔謂不梳其无以致和柔俾常

如嬰兒之時人能之乎心不虛則不明不

明則不通謂滌除私欲使本心精明如玉

之无瑕疵鑑之无塵垢則冥觀事物皆不

外乎自然之理人能之乎

愛民治國能无以知乎

王弼孫登 同古本○謂抱一專炁滌除筭

事既以修身明心可推充此道以及人物

即愛民治國之本也循自然之理以應事

物莫不有當行之路則何以智為愛民者

非區區愛之但不害之即愛之至也治國

者非區區治之但不亂之即治之至也人

能之乎

天門開闔能為雌乎

天門者以吾之心神出入而言也心神本

不可以出入言然而應物為出應已為入

出則開而入則闔不可不如是而言也莊

子天運篇載正者正也其心以爲不然者

天門弗開矣成玄英 註亦云天門者心也

雌者言其主靜而和柔也亦感而後應之

義河上公天孫跣 註皆作爲雌一本或作无

雌恐非經義蓋當經中有知其雄守其雌

也理亦當作爲雌○謂吾之心即天之心

當於一動一靜之際常爲雌柔使神氣和

順則陰陽之炁一開一闔亦和順矣

明白四達能无以爲乎本古

明白虛也四達通也○謂此心虛明坦白

四達皇皇感而後應應而常虚无以私意

爲之人能之乎蓋此心无爲而无不爲也

无爲是本无不爲是未然本末一貫得其

本則以一行万而逐處皆是通乎末則會

万歸一而无時不中但人當守其本則末

自歸一介

生之畜 詩六 之生而不有爲而不恃長而不

宰是謂玄德

畜養本也 ○謂万物皆根於道而生本於

德而養然生之而不以爲已有爲之而不

恃其功至於長成而不爲之主故万物各

得其所而不知所以然而然是謂玄德也

聖人體是道而无迹大而化之是以百姓

不知帝力玄之德也　蘇曰其道既足以生

畜万物又能不有不恃不宰雖有大德而

物莫知之也故曰玄德

三十輻章第十一

能抱一則知无形之用也故次之以三

十輻章

三十輻共一轂當其无有車之用

輻車輞也說文輪轑也轂輻所輳也无字

絕句○此假物以明大道虛通之用也古

者制器尚象車之輻有三十者以象一月

也車轂虛通然後運行故三十輻共一轂

當其无處乃有車之用也

埏埴以爲器當其无有器之用鑿戶牖以爲

室當其无有室之用枯

挺尸連切和也說文黏土也謂挺和黏

土以爲器也半門曰戶在木曰牖○器中

虛通則能容受室中虛通則能居處是當

其无處乃有器與室之用也莊子曰室无

空虚則婦姑勃蹊心无天遊則六鑿相攘

此亦假物以明吾心虚通之用也

故有之以為利无之以為用

也不特車器室然尓何以驗之吾之身有

故凡有形之以為利者皆无形之以為用

形也其中有无形吾之以為用也豈特吾

身凡天地万物皆然也

五色章第十二

能知无形之用者則為腹不為目失故

次之以五色章

五色令人目盲五音令人耳聾五味令人口爽

五色青赤黄黑白也人多以見色為明而

鮮能反照於无色之色可謂盲矣五音聞

徵宮商羽也人多以聽聲而鮮能反

聽於无聲之聲可謂聾矣五味酸苦甘辛

鹹也人多以嗜味為美而鮮能反味於无

味之味可謂差失矣 **王弼** 玄爽差失也

馳騁田獵令人心發狂難得之貨令人行妨

是以聖人為腹不為目故去彼取此

本心虛靜則聖不可知馳騁田獵則心逐

禽獸發而爲狂貴難得之貨則妨守道之

行爲腹者守道也爲目者逐物也去撤也

聖人爲內而不爲外矣焉肯玩好哉故去

彼色聲香味田獵好貨之事而取此虛通

之道也然去者非區區去物也但不貪愛

也雖有五色畢陳五音畢奏五味畢獻難

得之貨畢呈至於田獵之事有時平因除

害焉爲之皆不足以撓其心蓋中有去外

取內之道也

寵辱章第十三

為腹不為目則知貴身愛身之道而无

辱矣故次之以寵辱章

寵辱若驚貴大患若身何謂寵辱寵為

謂寵為辱根身為患本人多不悟故發明

之

驚若身之義具在下文何謂寵辱發

問也答曰辱因寵至是寵為辱根故寵為下

之若驚失之若驚是謂寵辱若驚

得寵為榮失寵為辱有寵勢有辱是以海

者非特失寵若驚其得寵亦若驚至於功

成名遂而身退故无辱也此所謂寵辱驚若

何謂貴大患若身吾所以有大患者爲吾有

身苟吾无身吾有何患

何謂貴大患若身者猶言不輕大患如不

輕此身也儻輕患而不慮患輕身而不修

身則自取危亡也是以君子安而不忘危

存而不忘亡故終身无患也苟字 應吉父

司馬公 同古本不言人有大患而言吾有

大患者假身以喻人也此復答曰吾之所

以有大患者爲吾有身也蓋此身一墮濁

世事物交攻乃大患之本也苟吾无身吾

有何患是知有身斯有患也然則既有此

身則當貴之愛之循自然之理以應事物

不縱情欲俾之无患可也

故貴以身爲天下者則可以託天下矣愛以

身爲天下者則可以寄天下矣_本_古

一本作故貴以身爲天下若可託天下矣愛

以身爲天下若可寄天下按莊子在宥篇愛

故君子不得已而臨莅天下莫若无爲无

爲也而後安其性命之情故貴以身於爲

天下則可以託天下愛以身於爲天下則

可以寄天下大意與古本同○故貴以身

爲天下者不輕身以徇物也愛以身爲天

下者不危身以掇患也託付也寄寓也先

不輕身以徇物則可以付天下於自然而

各安其安能不危身以掇患然後可以寓

天下而无患矣

視之不見章第十四

知貴身愛身則可執古之道御今之有

故次之以視之不見章

視之不見名曰幾聽之不聞名曰希搏之不

得名曰微此三者不可致詰故混而爲一

幾字 **孫登王弼**同古本 **傅奕** 云幾者幽而

无象也希 **陸德明** 云踈也靜也搏手擊也

混合也 ○道无色視之不見故名之曰

幾道无聲聽之不聞故名之曰微此幾希微三

形搏之不可得故名之曰希道无

者不可推致而詰問之故合而爲一 **河上**

公 曰夫无色无聲无形口不能言書不能

傳當受之以靜求之以神不可詰問而得也

其上不皦其下不昧

物之在上者多明在下者多昧唯此道則

在上而不明在下而不昧　蘇曰物之有形

皆麗於陰陽故上皦下昧不可逃也道雖

在上而不皦在下而不昧不可以形數推也

繩繩兮不可名復歸於无物

此道繩繩而不絕然而終不可名也故後

歸於无物　蘇曰繩繩運而不絕也人見其

運而不絕則以為有物矣不知其卒歸於

无也

是謂无狀之狀无物之象是謂芴芴古

【音辯】云芴音忽芴虛往切於无非无曰芴本

於有非有曰芒淮南子楊雄傳奕同古本

莊子至樂篇曰天无為以之清地无為以

之窨故兩无為相合萬物皆化芒乎芴乎

而无從出乎芴乎芴乎而无有象乎万物

職職皆從无為殖芒字在莊子註中音荒

又呼晃反○謂道不可以狀言而万狀曰

之而著故曰无狀之狀道不可以象言而

万象由之而見故曰无物之象道不可以

有无言是謂芴芒芴則於无非无芒芒則於

有非有也🔲曰狀其芒芴也象其微也无狀

之狀无物之象皆非无也有无不可名故

謂之芴芒

迎之不見其首隨之不見其後

於无非无於有非有故迎之不見其首隨

之不見其🔲曰道无所不在改前後不

見一作故无前後可見

執古之道以御今之有能知古始是謂道紀

御釋文理也○虛通之道自古固存當持

此以理今之事物也能知自古生物之始

此乃常道之綱紀執古道以御今如綱有

綱紀而不紊也此章有專就修養上解者

謂幾為神希為精微為無然少識此道可方

古之善為士章第十五

執古御令之道在乎不盈故次之以古

之善為士章

古之善為士者微妙玄通深不可測夫惟不

可測故強為之容本古

善為士者謂善能體道之人也惟其善能

體道故其心微妙而與物冥通淵深而不

可測迄今有若人豈讓於古夫惟不可測

故強為訴篇上之之形容謂下文也

豫兮若冬涉川猶兮今若畏四鄰

古本下七句皆有兮字○豫象屬先事而

疑此形容善為士者循理應物審於始而

不躁進也猶玃屬後事而疑此形容善為

士者應物既已而尚若畏四鄰蓋謹於終

而常不放肆也

儼兮其若容怗

容一作客非也○謂見重而若正顏容也

蘇曰无所不欽未嘗惰也

渙兮若氷之將釋敦兮其若朴

融而化也厚而純也

曠兮其若谷渾（上声）兮其若濁

虛而通也不殊俗也已上皆言若若謂善

爲士者形諸外有如此而其中則不可得

而測也

孰能濁以靖之而徐清

靖一作靜然靖訓安接下文義相貫而字

王弼同古本○謂心雖應物而誰能濁之

以其能安定之而徐自清也

孰能安以久動之而徐生

久字絕句○謂此心誰能安定以久而不

復應物哉感之而徐自生也

保此道者不欲盈夫惟不盈故能敝不新成

保守此道者常虛其心不欲使人欲充塞

其中也夫惟虛故能循自然之理以應萬

變而依然如故也

致虛極章第十六

不盈之道雖殁身而不殆故次之以致

虛極章

致虛極守靜篤萬物並作吾以觀其後

作動也後音服反也○吾心之初本來虛

靜出乎自然初不待致之守之逮乎感物

而動則致守之功不容一息間斷矣是以

老子教人致虛守靜致虛之極守靜之篤

則不離於初不離於初則萬物並動而吾

能以是觀其後歸於虛靜也夫惟虛靜然

後能動而有常在易陰極而一陽反生於

下謂之復復則生生之道常父而不已也

蓋動自靜來動極後靜矣非虛極而靜篤

者不能觀之雖然致虛守靜非謂絕物離

人也万物无足以撓吾本心者此真所謂

虛極靜篤也（慈曰）致虛不極則有未忘也

守靜不篤則動未忘也丘山雖去而微塵

未淨未為極與篤也蓋致虛存虛猶未離

有守靜在靜猶陷於動而況其他乎不極

不篤而責虛靜之用難矣

凡物骸骸各歸其根歸根曰靜靜曰復命復

命曰常

凡物𦬊𦬊〔傳云〕古本如此𦬊字玉篇音

云又音運物數亂也一本作夫物芸芸雜

子在宥篇曰万物芸芸復其根芸字成

玄英疏去衆多也王篇與韻略訓芸字皆

玄香草也今從古本○此假物以喻人也

凡物數雛紛亂然而死有不歸其根者蓋

一陽生於子冬至也物各生其本而動至

已而其葉茂盛是陽動之極也動極而靜

靜而生陰一陰生於午夏至也物各歸其

根而靜至亥而萬業凋零是陰靜之極也

靜極復動一陽復生於子於是乎生生之

道有常故歸根曰靜靜曰復命復命曰常

命猶令也天所賦爲命萬物受之而生也

常者久也復命則常久也在人言之根者

本心也歸根者反本心之虛靜也吾心之

初本來虛靜於此可以見道之令也即天

之所賦者故靜篤則可以復道虛通之令

而有常也然則不歸根則不能靜不能靜

則是牽於物欲不能復道虛通之令而常

乂也故致虛之極在乎守靜之篤也周茂
叔得之於此心之初是以有靜虛動直明
通公溥之說又有誠通誠後之論及主靜
之語夫虛靜若如明鏡止水物來則通通
而一點无私則常應而常虛靜矣豈不可
以俟命而常乂也㊟曰苟未能自復於性
雖止動息念以求靜非靜也故歸根然後
為靜○愚伏讀老氏此經性言心未嘗言
性而子由註此經屢言性何也易繫曰一
陰一陽之謂道繼之者善也成之者性也

語曰性相近也習相遠也中庸曰天命之
謂性自是而下言性者紛紛故諸儒因孟
軻性善之說有復性之論然原堯之授舜
曰允執厥中羔氏亦有不如守中之語舜
之授禹曰人心惟危道心惟微惟精惟一
允執厥中亦不言性所謂道心即本心也
常虛常靜故能應萬事而不失其正者也惟
其虛靜故微妙而難明當於其通處明之
則得之矣
知常曰明不知常妄作凶

知常以通生之妙實根於虛靜者謂之明

也不知此者妄動而凶迷與誠通誠復者

異也吁草木之不夭於斤斧者猶能抱盡

无以歸根復命而常生惟人為物靈不能

極虛篤靜以歸根復命遂使私欲得以害

之自失其常是反不如草木也巳洞一公

曰不知道之常妄作奸凶巧詐則失神明

故凶戴以不以復性為明則皆世俗之智

雖自謂明而非明也

知常容容乃公

知常久自然之道則虛通而无不包容也

无不包容乃无私也河上公曰能知道之

所常則能去情欲无所不包容也无不包

容則公而无私衆邪莫當

公乃王王乃天天乃道道乃久殁身不殆

王者天下歸徃之稱惟其无私故天下之

人徃而歸之王乃如天之不言而行无爲

而生不言而行无爲而生乃虛通而大也

虛通而大則常久自然常久自然則終身

不危殆矣自知常久容之後昔人欲盡淨而

天理流行何危殆之有也 河上公曰公正

則可以爲天下王能王德合神明乃與天

通德與天通則與道合同與道合同乃能

長久能公能王通天合道四者純備道德

弘遠无殃无咎乃與天地俱没不危殆也

太上章第十七

得致虛守靜之道則功成名遂而民皆

曰自然故次之以太上章

太上下知有之其次親之譽譜之

太上者太古君上也譽譜美也○太古在

上之君无為无欲道化流行不見其迹下
民各得其所但知有君而已其次之君漸
不及古仁義既彰民雖親愛而稱美之然
朴自此散不如相忘於道德也**疏**曰以道
在宥天下而未嘗治民不知其所以然故
亦知有之而已以仁義治天下其德可懷
其功可見故民得親譽之其名雖美而厚
薄自是始矣

其次畏之侮之

大朴既散人偽日生又其次之君道之以

政齊之以刑民免而无耻雖畏之而亦悔

之也○蘇曰以政齊民民非不畏也然力之

所不及則悔之矣

故信不足焉有不信焉

信誠也焉字河上公同古本○故上之誠

信不足則下亦有不誠信者矣○蘇曰吾誠

自信則以道御天下不足矣惟不自信而加

之以仁義重之以刑政而民始不信矣

猶今其貴言哉功成事遂百姓皆曰我自然

今哉曰三字嚴遵同古本○聖人誠信既

足其於言也尚且貴之而不輕發則民自

誠信矣故功成事遂百姓不知帝力皆曰

我自然此乃相志於道德也 河上公曰太

古之君舉事猶重於言恐離道殊自然也

功成事遂太平也百姓不知君上之德淳

厚帝以為當自然也

大道廢章第十八

太古之時上下相安去古既遠寖失自

然故次之以大道廢章

大道廢有仁義焉

廢毀也仁者愛之理義者事之宜〇大道

未嘗廢廢之者人也自大道毀而有仁義

之名也🔲曰大道之隆也仁義行於其中

而民不知道既廢而後仁義見矣🔲𤔪云

四句下俱有焉字

知𦔳惠出有大僞焉

知訓知也惠訓慧也〇知惠者出去質尚

知訓知也惠訓慧也〇知惠者出去🔲曰

文使天下不任其真見以有大僞也🔲曰

丗不知道之足以瞻足万物也而以知惠

加之於是民始以僞報之矣

六親不和有孝慈焉國家昏亂有貞臣焉

六親父子兄弟夫婦也貞字 嚴遵 王弼同

古本並本多作忠蓋避諱也○六親和則

誰非孝慈國家治則誰非貞臣大道不廢

則安取仁義故六親不和然後有孝慈之

名國家昏亂然後有貞臣之號亦猶大道

廢而後有仁義也大道固有常矣執若循

其自然而不知以爲孝慈處此當然而不

知以爲貞相愛而不知以爲仁適宜而不

知以爲義平平蕩蕩由於中而不知所以

然豈不正直哉雖有智謀惠黠者出而无
隙可窺无迹可徇无所容其情偽則相化
而反其真矣太古之風可以復見執謂大
道可廢邪　蘇曰六親方和執非孝慈國家
方治執非忠臣堯非不孝也而獨稱舜无
瞽瞍也伊尹周公非不忠也而獨稱龍逢
此干无雜紂也涸澤之魚相呴以濕相濡
以沫不如相忘於江湖

絕聖弃知聲章第十九

大道廢而有聖知仁義五利之弊故次

之以絕聖弃知章

絕聖弃知民利百倍枯

聖知本欲以利民而其末少至害民蓋聖

知之迹彰則寖失无為之化也上失无為

則下多妄作民遭其害故絕弃世俗之所

謂聖知之事則民百倍其利矣 河上公曰

絕聖弃知反无為也 苴曰非聖知不足以

知道使聖知為天下其有不以道御物者

平然世之人不足以知聖智之本而見其

末以為以巧勝物者也於是馳騁於不流

絶仁弃義民復^{服音孝慈}

而民始不勝其害矣故絕聖弃知民利^{百倍}

復反也○仁義本欲以治民而其末必至

亂民蓋仁義之名顯則偽矣自然之本也

上失自然則下生人偽民辨身良故絕弃

世俗之所謂仁義之事則民復孝慈而不

知以為孝慈矣孟子曰孩提之童無不知

愛其親者及其長也無不知敬其兄也親

親仁也敬長義也然則孩提之童自然如

此初不知為仁義也^蘇曰未有仁而遺其

親者也未有義而後其君至者也仁義所以
為孝慈矣然及其衰也竊仁義之名以要
利於世於是子有遺父而父有虐子此則
仁義之迹為之也故絕仁弃義則民復慈
孝絕巧弃利盜賊无有

巧利本欲以便民而其未必至撓民蓋巧
利之晋勝則寖失淳朴之風也上攻巧利
則下多姦貪以至為盜故絕弃世俗之所
謂巧利之事則盜賊无有矣蓋聖知仁義
巧利非亂天下而天下後世必有斯亂故

當絕弃之也【注】曰巧所以便事也利所以

濟物也二者非以為盜而盜賊不得則不

行故絕巧弃利則盜賊无有

三者以為文不足也【本】

王弼同古本○謂聖知仁義巧利三事所

當用其絕者以為文不足以化民當反其本

矣不可使文勝質也

故令〔云上聲〕有所屬〔蜀〕見素抱朴少私寡欲

〔音蜀〕去令善也 王弼司馬公註作平聲今

從古本屬釋文連也素釋文質之始也說

文木素也以譬人之質朴也莊子曰同乎

无知其德不離同乎无欲是謂素朴○故

善者有所連屬不離素朴則民見素抱朴

自然私少欲寡矣屬者接續之義謂接續

上古之素朴絕弃後世聖知仁義巧利之

事也 河上公 曰見素者當見素守真不尚

文飾也抱朴者當抱其質朴以示下故可

法則

絕學无憂章第二十

絕學无憂

絕聖弃知箱乎自然則无憂惠故次之

以絕學无憂章

絕學无憂

絕外學之偽循自然之真則无憂患孟子
曰人之所不學而能者其良能也所不慮
而知者其良知也朱文公註曰良者本然
之善也程子曰良知良能皆无所由乃出
於天不係於人然則其氏絕學之意其使
人反求諸已本然之善不至逐外失真流
於偽也君子學以致其道後世徒學於外
不求諸內以致文滅質悖溺心聖人有憂

之故絕外學之僞孔子未嘗不學然所學
者道也故曰賜也女以予爲多學而識之
者與對曰然非與曰非也予一以貫之
唯汪之與阿相去幾何善之與惡相去何若
唯恭應也阿慢應也幾声何多少何如也
體道之士自然謹善无慢與惡蓋明本心
元善也但循天理而發則全乎善縱人欲
而發則流乎惡故老氏舉唯阿善惡相去
何若教人省察之方此與舜之惟精惟一
之意同未明乎道者當觀唯阿善惡未必

之時方寸湛然純乎天理无有不善此乃
本心也至於唯阿善惡將發之時相去多
少相去何似不過特在乎此心一發之間
耳則知唯與善循乎天理也阿與惡麼麼
人欲也於此治之常守本心之正去人欲
以循天理易慢為恭敗惡為善則天下无
餘學矣君不求之於內而徒學之於外皆
偽也儻不絕偽學有其憂者在周茂叔曰
誠无為幾善惡又曰誠則无事矣
今之所畏不可不畏

慢與惡逆乎天命皆人之所畏不可不畏

君子所以謹其獨也嘗觀人之不畏者乃

其平日偽學之荒不明真道故外為恭謹

之虛文內為慢惡之實事也

荒兮其未央哉

央音辯云中正也○謂眾人之荒於外學

其未知真道之中正哉此興嘆也人不知

自然之道則處事接物牽於人欲或偏或

倚或過或不及也

眾人熙熙如享大牢如登春臺我獨怕兮其

未兆如嬰兒之未孩

熙熙　音辭　云喜聚貌大牢牛羊豕也欲以

之祭爲牢以養之故皆曰牢我者老子自

稱怕音薄靜也說文无爲也咳何來切張

貝一玄子生周歲而能別人○聖人之心

玄靜與古本同集韻通作孩說文小兒笑

淡然无欲謂眾人熙熙然沉樂僞學恣縱

情欲如享太牢之味如登春臺而觀逐外

失真而不自覺我獨靜居情欲未兆之始

如嬰兒之未有分別也　辯　曰人皆溺於所

好其美如享大牢其樂如登春臺置罳於從

之而不知其非唯聖人深究其妄遇之怕

然不動如嬰兒之未孩也

儽儽兮其若若不足似无所歸

此句王弼同古本河上公作乘乘兮若无

所歸嚴遵作若无所之今從古本儽力追

切說文垂貞博雅去瘦貞○聖人之心常

虛常靜无去无來故儽儽兮外无文飾其

若不足內不離道似无所歸也

衆人皆有餘而我獨若遺

聖人之心无得无失衆人皆以偽學爲有

餘而我與道合同實无所得故獨若失也

我獨愚人之心也哉沌沌兮

音辯 云沌音囵不分貞世本作純純又省

獨字今從古本○聖人之心渾然天理純

曰如愚謂我獨愚蒙人之心也哉沌沌兮

混然不分也

俗人皆昭昭 我獨若昏

王弼 同古本世本无皆字○謂俗人皆逐

境爲明我獨守道如昧

俗人皆察察我獨若閔閔

古本與**傳奕**本作閔閔莫昆切有訓作昏

昧不分別者**河上公**及諸家並作悶悶音

同又省昏字若字韓文公古賦有獨閔閔

其昌已兮憑文章以自宣詳此閔閔字註

云一作悶悶正與此合今從古本○謂俗

人皆察察用智我獨閔閔存眞

澹兮若海飄兮似无所止

澹音辯去音談水深貌**河上公**作忽飄字

梁帝簡文同古本**弓弱**作飂今從古本○

謂澹兮深不可測故若海也飄兮一无所

係故似无所止也

衆人皆有以我獨頑似鄙

謂衆人皆有用我獨頑然不變似鄙陋也

河上公曰以有為也頑无為也鄙若不逮

也蘇曰人各有能故世皆得而用之聖人

才全德備若无所施故疑於頑鄙

我獨異於人而貴求食於母

食音嗣○食音養人之物人之所

不可无者也母者指道而言也謂我所以

孔德之容章第二十一

德之容章

孔德之容唯道是從

孔其也容包含也〇甚有德之人无不包

容其所以无不包容者蓋唯道之是從也

道之為物惟芒惟芴

芒芴字註解已具第十四章〇道本不可

以物言此言為物者蓋万物皆出於道也

獨異於人者而貴求養於道也

既能絕學則唯道是從也故次之以孔

道不可以有无言故曰㤽兮㤽

芴兮芴兮中有象兮芴兮中有物兮

【王弼曰】同古本別本作其中有象其

中有物今從古本○謂以道為无則非无

以道為有則非有故曰芴兮芴兮芴

兮然而万象由斯而見万物由斯而出故

曰中有象兮中有物兮【魆】曰道非有无故

以芴言之然及其運而成象著而成物

未有不出於芴芴者也

幽兮冥兮中有精兮其精甚真其中有信

格物　同古本一本作窈兮冥兮其中有精

今從古本信說文云誠也〇謂道既不可

以有无言之則幽微冥昧矣然而中有至

精也至精无妄故曰甚真則是其中有誠

信矣万物莫不由是而生人為物靈其本

心真實无妄凜不可欺能於日用之間循

乎自然之理而真實无妄則事事物物莫

不各有當行之路合乎天之道也中庸曰

誠者天之道也誠之者人之道也周茂叔

曰誠者聖人之本文曰聖誠而已矣然則

何須外學之偽故孔德之容唯道是從也

自今及古其名不去以閱衆甫吾奚以知衆

甫之然哉以此

自今及古 **嚴遵王弼** 同古本一作自古及

今閱如閱人之閱甫始也奚字古本此著

謂真道也○道本无名然天地人物非此

則不能生故其生天地人物之名自今及

古自然不去以閱衆始也衆始則有終道

則无始无終所以能閱衆始也老子自謂

吾奚以知衆始之所以然哉以此真道也

蘇曰聖人之所以知万物之所以然者能

體道而不去故也

曲則全章第二十二

唯道是從則可以抱一而爲天下式矣

故次之以曲則全章

曲則全枉則正

正字王弼 同古本一作直 ○曲巳以從道

則全枉巳以從道則正 蘇曰聖人動必循

理理之所在或直或曲要旅通而巳通故

與物不连不迁故全也直而沘理則沘直

也循理雖枉而天下之至直也

窪則盈斂則新

窪音蛙當作窊凹也汙下也斂敗衣也一
作弊困也當作斂○地之窊下者則水趨
之必盈此譬人之德行皆當持謙也物之
洞斂者則春生之又新此譬人之窮達皆
當循理也地與物不過无妄而已

少則得多則惑是以聖人抱一爲天下式

真道一則无失外學雜則擾亂是以聖人
抱道之一爲天下法 河上公曰自從少則

得多也天道祐謙神明祐虛也多財者惑

於守身多學者惑於所聞也抱守也式法

也聖人守一乃知万事故能爲天下法式

蘇曰道一而已得一則无不得矣多學而

无以一之則惑矣抱一者復性者也蓋曲

則全枉則直窪則盈敝則新少則得多則

惑皆抱一之餘也故以抱一終之

不自見故明不自是故彰不自伐故有功不

自矜故長夫惟不爭故天下莫能與之爭

一見音現彰明也○有道而不自顯露故明

有德而不自以為是故彰自稱曰伐有功

而不自稱故有功自恃曰矜有所長而不

自恃故長夫惟道未嘗與人爭而其尊无

上其功无等其先无踰是以孔德之容唯

道是從也見天下有好高爭先伐功矜長

之人則曲已以讓之枉已以遜之不起慢

辭不興惡意此非從其人也實以全吾道

也惟其不競故其以也天下莫能與之競

河上公曰聖人不自以為是而非人故能

彰顯於世伐取也聖人德化流行不自取

其美故有功於天下矣大也聖人不自貴
大故能長生不危也辭曰不自是不自伐
不自矜皆不爭之餘也故以不爭終之
古之所謂曲則全者豈虛言哉誠全而歸之
誠信也○謂古之所謂曲已以從道則全
者豈是虛言信全而歸之也盖道全而生
之吾當全而歸之矣熙曰世以直爲是世
爲非將循理而行於世則有不免於迎者
矣故終篇復言曰此豈虛言哉誠全而歸
之天所謂全者非獨全其身也爲以全身

外以全物物我兼全而復歸於性則其為

直也夫矣

希言自然章第二十三

能抱一爲天下式則无飄暴之行矣故

次之以希言自然章

希言自然

希疏德明云踈也靜也○希踈之言出乎

自然可以傳之无窮用之无盡也然曰言

出於自然則簡而中非有其自然而強之

則煩而難信矣故曰道之出口淡乎其无

味視之不足見聽之不足聞用之不可既

此所謂希言矣

故飄風不崇朝暴雨不崇日

飄說文云回風也□□□云疾也崇一作終

假此以譬言人之暴卒不能久也

耿爲此者天地天地尚不能久而況於人乎

謂誰爲此飄風暴雨乃是天地也天地尚

不能久爲飄暴而況人而暴戾可以久乎

河上公曰孰誰也天地所以忽爲飄風暴

雨尚不能使終朝至暮何況於人欲爲暴

卒事也

故從事於道者道者同於道德者同於德失

者同於失同於道者道亦得之同於德者德

亦得之同於失者失亦得之信不足有不信

謂人之所以從事於道者有德者同於有德

之人蓋道同而德合也然失道者則同於

有道者而於有道之人有德者同於有德

失道之人故同於道者有道者亦與之相

得同於德者有德者亦與之相得而同於

失者則失道者亦與之相得此乃同聲相

應同氣相求也足見知人之言行當品蹟通安

靜不當如飄風暴雨也蓋疏通安靜則有

疏通安靜者應之暴戾則有暴戾者應之

也上之誠信不足期下亦有不誠信者應

之矣 河上公 曰君信不足於下下則應君

以不信也

跋者不立章第二十四

既无飄暴之行則安有自見自是自伐

句黷之事哉故次之以跋者亦立章

跋者不立跨者不行

跂去智切舉踵也跨枯化切越也〇立而

跂欲高於人也然豈可久立邪行而跨欲

越於人也然豈可久行邪跂也跨也以譬

人之好高爭先所立所行不正不可以常

久也

自見現音者不明自是者不彰

世俗之人皆欲自顯自是故不明不彰

自伐者无功自矜者不長其於道也曰餘食

贅贅音行去聲物或惡之故有道者不處

有功而自稱者喪其功有所長而自恃者

失其長此跂跨自見自是自伐自矜六者

之於道曰餘食贅行餘食則是人之所弃

贅行則非本體之正是以物或惡之故有

道之士不爲此等餘贅之事也 蘇曰譬如

欲食適飽而已有餘則腐譬如四體適完

而已有贅則累

有物混成章第二十五

不自見自是自伐自矜則能反身而求

是道於吾心之初也故次之以有物混

成章

有物混成先天地生

道本不可以物言然不曰有物則无以明
道而言混成則混然而成乃自然也但求
之於吾心之初則得之矣有天地然後万
物生道先天地生則非物也道本无生亦
以其生物而言⊙蘇曰夫道非清非濁非髙
非下非來非去非善非惡混然而成體其
於人為牲故曰有物混成此未有知其生
者蓋湛然常存而天地生於其中介
宗兮寞兮獨立而不改周行而不殆可以為

天地母

宗古寂字寞字 王弼 與古本同 河上公 作

寥韻略云寂寞无聲也寂 寞室也 按莊子

天下篇亦有寂漠无形天地字古本如此

一作天下母宜從古本○宗寞言其无聲

形也獨立而不改者言其无與之並而常

久也周行而不殆者言其虚通而无所礙

也可以者道不可以指陳也為天地母者

言其生天地也

吾不知其名故強字之曰道強為之名曰大

玉弼同古本河上公本上句无強字今從

古本吾者老子自稱也○謂道无聲形安

得有名因以其萬物由是而出故強字之

曰道又以其曠蕩无不制圍強名之曰大

蘇曰道本無名聖人見萬物之无不由也

故字之曰道見萬物之莫能加也故強名

之曰大然其實則无得而稱也

大曰逝逝曰遠遠曰反

逝往也去也大則去而不可禦故曰逝逝

則極乎无極而不可窮故曰遠雖極乎无

極而不可窮然後在吾身之中而於日用
之間不可離也故曰反人能窮此則知本
心乃渾淪也　曰其為大非若天常
存上地常在下乃復逝去无常處所言遠
者窮於无窮布於天地无所不通又言其
遠不越絕乃復返在人身　曰自大而求
之則逝而往矣自往而求之則遠不及矣
雖逝雖遠然反而來之一心足矣
故道大天大地大人亦大域中有四大而人
居其一焉

道句羅天地生成万物天无不覆地无不
載故皆曰大而道尤大焉人字傳奕同古
本河上公本作王觀河上公之意以爲王
者人中之尊固有尊君之義然按後文人
法地則古本文義相貫況人爲万物之最
靈與天地並立而爲三才身任斯道則人
實亦大矣而人之尊君乃自然之理當然
之事也道本不可以域言此就宇內而言
之也謂區域之中有大者四而人君其焉
人法地地法天天法道道法自然

人法地之靜重地法天之不言天法道之

无為道法自然而然也人雖止言法地而

地法天天法道道法自然沂而上之皆循

自然豈可妄為哉清靜无為循乎自然此

天地人之正也 ⬤蘇曰由道言之則雖天地

與王皆不足大也故以實告之人不若地

地不若天天不若道道不若自然使人

一日復性則此三者人皆足以盡之矣

重為輕根章第二十六

能反身而求此道於吾心之初則自然

不離乎重與靜也故次之以重爲輕

重爲輕根靜爲躁君

重可載輕靜可制動故重爲輕之根靜爲

躁之主〔河上公〕曰人君不重則不尊治身

不重則失神草木之花葉零落根重故長

存也人君不靜則不威治身不靜則身危

龍靜則能變化虎躁故乃夭虧靜則无爲

躁則有欲有欲者死无欲者長生〔蘇〕曰凡

物輕不能載重小不能鎮大不行者使行

不動者制動故輕以重爲根躁以靜爲君

是以君子終日行不離去声輜重去声雖有榮觀

作餾一宴麌超然

君子成德之名輜庫車也字林載衣物車

前後皆藏若今庫車重者車所載之物也

觀從遊之所也宴安也王弼同古本河上

公作燕○君子終日行不離輜重雖有榮

華之觀亦安居而超然不顧此譬君子不

離重與靜也蘇曰行欲輕而不離輜重觀

雖樂而必有燕處重靜之不可失如此

如之何万乗去声之主而以身輕天下本古

乘車數也天子畿內地方千里出車萬乘

故曰万乘之主〇謂君子猶不敢離重與

靜如之何爲万乘之主而以身輕天下哉

蓋不重不靜則不能鎮輕浮而制躁動故

有道之君至重至靜是以天下皆本之以

爲根賴之以爲主也

輕則失本躁則失君

本字嚴遵王弼同古本河上公作輕則失

豆與前文不相貫宜從古本〇人主輕忽

慢勢則失根本之重躁動多欲則失爲君

之德故人君不可須史而離於重靜也

善行章第二十七

能重能靜則善矣故次之以善行章

善行者无轍迹善言者无瑕讁古本

瑕玉病也又過也讁音摘罰也責也者字

司馬公 註同古本 ○善行已者乘理故无

轍迹善言事者中節故无過責

善數者无籌策

善上數者无籌策

數上聲 王弼嚴遵同古本 河上公作善計

籌詩策籌數也○善數物者以一故无籌詩策

善閉者无關楗切其偃善結者无繩約

楗拒門木也或從金傍非也横曰關豎曰

楗傳奕云古字作闚○善閉情欲者以道

故无關楗善結人心者以德故无繩約

是以聖人常善救人故人无弃人常善救物

故物无弃物是謂襲明本

嚴遵同古本○世俗之人行而有迹言而

有過數而有失情竇開而不能閉人心離

而不能合非惟自弃而所行所言不善人

物皆被其无窮之害矣是以聖人常善救

之俾歸真道各得其所故人無弃人物無

弃物也襲明猶緝熙之意聖人救人物之

道至公無私此惟無隱彼將自明譬燈之

傳燈及其明也混而為一不知孰為前燈

之明孰為後燈之明傳之無窮其明無盡

是謂密傳之明也人能傳此至明非特成

已成人又能輔萬物之自然而無弃人弃

物也　蘇曰救人於危難之中非救之大者

也方其流轉生死為物所蔽而推吾至明

以與之使暗者皆明如燈相傳襲而不絕

則可謂善救人矣

故善人不善人之師不善人善人之資

善人者繼道之人先覺者也非強行善乃

術本然之善也不善人未覺者也非本不

善未明乎善也師者人之模範故先覺者

是未覺者之模範也資質也未覺者亦有

先覺者之資質也人皆可以為善人特其

未學覺而藉先覺者覺之耳

不貴其師不愛其資雖知聲大迷是謂要妙

以先知覺後知以先覺覺後覺師固當貴

資固當愛然而大道之妙歸於自得儻徒

貴其師而不反求於吾身之中徒愛其資

而不使反求其中皆外學也苟於中而自

得真道則師自然无愛資之心資自然无

貴師之心若師尚有愛資之心資尚有貴

師之心則是未與道合通也故善人之道

如陽和陶物公而無私薰然融怡使人自

得之也一旦洞悟則默契玄同之真了无

貴愛之迹此自古至今不傳之傳也是道

也及其至也雖智者亦有所不曉此乃所

謂道之要妙也是則悟者自得壹容私貴

私愛於其間哉故莊子天運篇載使道而

可獻則人莫不獻之於其君使道而可進

則人莫不進之於其親使道而可告人

則人莫不告其兄茅使道而可以與人則

人莫不與其子孫然而不可者无他也中

无主而不止外无正而不行由中出者不

受於外聖人不出由外入者无主於中聖

人不隱 ^蘇 曰聖人之妙雖智有所不喻也

知其雄章第二十八

善則復歸於朴而无割故次之以知其

雄章

知其雄守其雌爲天下谿爲天下谿常德不

離_{平声}復歸於嬰兒

雄釋云武稱一曰鳥父以譬言剛動也雌釋

云牝也又鳥母以譬柔静也尔雅水注川

曰谿夫剛動則踥進柔静則謙下故知其

剛動則守其柔静爲天下谿者以謙自處

如谿之善下也謙下則常父之德不離於

貞是以又歸於嬰兒之時神全而氣和矣

知其白守其黑為天下式為天下式常德不

忒復歸於无極

白昭明也黑玄冥也式法也○守柔持謙

其德昭明又當韜晦故知其昭明守其玄

冥也為天下式者不自炫耀人皆法之人

皆法之則常德不差是以反歸於无窮矣

知其榮守其辱為天下谷為天下谷常德乃

足復歸於朴

尔雅水注谿曰谷朴純朴也○韜光晦迹

人皆法之其德尊榮不敢矜伐故知其尊

榮而守其甲辱也爲天下谷者虛而能容

深不可測人歸之如水之赴谷也虛而能

容則常久之德無有不備是以反歸於純

朴也純朴不散則非器矣朴說文木素也

朴散則爲器聖人用之則爲官長故大制

長上聲主也大也无割无割二字同古本

【河上公】

天下用者皆器也器者朴之散才器固皆

有用而不可闕然譬猶手執而不能行足

行而不能執皆非道之全體也惟聖人自

柔靜謙和而至於昭明自昭明不耀而至

於尊榮自尊榮不矜而復歸於朴是以能

用天下之才而爲官守之主故大制天下

者其道純而不離猶朴全而无割也

將欲章第二十九

復歸於朴則无甚奢泰矣故次之以將

欲取天下而爲之章

將欲取天下而爲之者吾見其不得已墙

已語助。謂天地人物固有常矣君天下

者當輔萬物之自然不可妄爲 河上公曰

欲以有爲治民（蘇）曰聖人之有天下非取
之也万物歸之不得巳而受之其治天下
非爲之也因万物之自然而除其害尔若
欲取而爲之則不可得矣

夫天下神器不可爲也爲者敗之執者失之

夫字阮籍同古本○夫天下之大語其分
則一物各具一神語其混則物物統歸一
神故曰神器見則隱然有主宰在其間固
不可亂其常矣豈容加一毫私意以爲之
儻背道敎德有爲以撓自然者犯其神也

神必禍之虐下縱欲執持以爲已有者侵

其神也神不與之　河上公　曰以有爲治之

則敗其質朴也強執教之則失其情實也

蘇　曰凡物皆不可爲也雖有百人之聚不

循其自然而妾爲之必有齟齬而不服者

而況天下乎雖然小物寡衆葢有可以力

取而智奪者至於天下之大有神主之不

待其自歸則數不聽其自治則亂矣

故物或行或隨或噓或吹或彊或剉或培或

墮是以聖人去甚去奢去泰

音辯

玄故一作凡嗯字　嚴遵　同古本注引

楚辭口嗯開而不言或彊或剉或培或墮

嚴遵王弼傳奕阮籍　同古本剉寸臥切剉

傷也培蒲枚切傳奕引字林玄益也墮徒

果切傳奕引字林玄落也　河上公　改嗯作

响改剉作嬴改培作載改墮作隳今仍從

古本去撤也　○夫陰陽運行寒暑來往一

消一息神用无窮故天下之物或有行於

前而或有隨於後者或有嗯開而或有吹

噓者或有彊梁而或有剉折者或有培益

而或有墮落者此皆有神司之故不可爲

不可執也是以聖人无爲无執惟去其甚

去其奢去其泰使不至於過也

以道佐人主章第三十

能去甚去奢去泰則用道矣故次之以

以道佐人主章

以道佐人主者不以兵強天下其事好還師

之所處荆棘生焉大軍之後必有凶年

還句緣切經史族還通○謂爲人臣者當

人君道輔佐人主使國泰民安不可无事

事而尊以兵強天下蓋其傷殺之事好

還報也但有遲速耳觀諸往驗老氏豈虛

言之雖然此謂為國不以道專務以兵強

天下非不得已而用之者言也若夫周公

之誅三監以禁暴除亂皆出於不得已而

用之事定則止不驕不伐何還返之有哉

五人為伍五伍為兩

旅五旅為師五師為軍一萬二千五百人

也大國三軍謂軍師所處之地農事廢弛

草木遂長用兵之後殺氣傷和凶年必至

故善者果而已不敢以取強

一本強字下有焉字善者吉且无咎也易

之師卦曰師貞丈人吉无咎 伊川曰蓋有

吉而有咎者有无咎而不吉者吉且无咎

乃盡善也又曰比卦以一陽為衆陰主而

在上君之象也師卦以一陽為衆陰主而

在下將帥之象也然則陽本主生兵本以

禁暴除亂不得已而用之也禁其暴除其

亂以活生乃生生之道也師師者必好

然後能制殺爾若非貞丈人則求其吉

无咎難矣哉吉且无咎者出以律動以

義決之而已不專以兵取強也

也德所不能綏政所不能服不得已而後

以兵決之耳[司馬遷]亦云果決也[王弼]云

果猶濟也[溫公]云去果猶成也大抵禁暴除

亂不過事濟功成則止

果而勿矜果而勿伐果而勿憍果而不得已

是謂果而勿彊物壯則老是謂不道不道蚤

憍矜也舊本亦與驕通伐自稱美也一本

下句无謂字。決之而勿矜其能勿伐其

[蘇]曰果決

[王弼]云

[溫公]云

功勿憍其勢決之於不得巳此所謂決之

而非以兵取強也凡物之壯者必老惟道

則无壯无老苟不體道而又恃兵爲剛得无

老乎知壯極則老能早止兵則庶幾於道矣

夫佳兵章第三十一

以道佐人主則不用佳兵故次之以夫

佳兵章

夫佳兵者不祥之器物或惡之故有道者不

謂佳好之兵凶器也聖王用兵惟以禁暴

除亂非欲害无辜之民也然兵行之地非

帖民被其害昆蟲草木亦受其災是以物

或惡之故有道者焉肯處此以害人物也

雖然文事必有武備若夫高城深池厲兵

秣馬後世固不可闕但有道者惟以之禦

暴亂不以之取強迫不得已而用之不處

以為常也　蘇　曰以之濟難而不以為常是

以不處

是以君子居則貴左声用兵則貴右声兵者

不祥之器非君子之器不得已而用之

河上公　本无是以字〇左陽也主生右陰

世主殺惡人以居常則貴左用兵則貴右蓋

殺伐之事非以為常也兵者凶器非君子

之器不得已而用之故凡兵至於不容不

用則君子惟以禁暴除亂也

恬淡為上故不美也若美之必樂之樂之者

是樂殺人也夫樂殺人者不可以得志於天

下矣故吉事尚左凶事尚右是以偏將軍處

左上將軍處右言君上勢則以喪禮處之殺

人眾多則以悲哀泣之戰勝者則以喪禮之處

左安也樂上二字音洛下並魚教切欲也

道常无名章第三十二

兵以禁暴除乱非以取强惟能守道则

万物自賓故次之以道常无名章

道常无名樸雖小天下莫能臣王侯若能守

之万物將自賓天地相合以降甘露人莫之

令而自均

　樸指道而言甘露者和氣所致乃王者有

德之應令命也亦發號也　○道常无名固

不可以小大言之聖人因見其大无不包

故強爲之名曰大後以其細无不入故曰

小也然雖以小而言之天下亦莫能臣使

之也王侯若能守道則万物將自賓服何

以兵爲无殺氣則天地之氣亦交通成和

以降甘露豈有凶年至於人亦不待發號

施令而自均平此王者道化流行之效也

始制有名名亦既有夫亦將知止知止所以

不殆譬道之在天下猶川谷之與江海也

夫亦將知止 馬誕王弼 同古本○道本无

名老子初不得已而強爲之名以燹明後

此制始有名也名亦既有則可因有名而

又身以來无名之樸自然純備无間雜欠

關此所謂止於至善也无名之樸道也求

之於吾心之初則得之矣豈可不知止而

更欲外起妄情自取危殆邪故知止所以

不殆王侯守道而在天下則萬物歸之譬

如川谷之與江海也蓋道者萬物之所宗

江海則川谷之所歸也 蘇曰江海水之鍾

也川谷水之分也道萬物之宗也萬物道

之末也皆水也故川谷歸其所宗皆道也

故萬物實其所宗

知人者知章第三十三

以知人者知章

能守道則不失其所死而不亡故次之

知人者知也自知者明也

古本每句下有也字文意雍容世本並無
也字至不失其所者又若无也字則文意
不足今依古本○人能虛靜則可以知人
可以自知知人以智言非私智也猶止水
之燭物也自知以明言乃本明也猶上水
之湛然也莊子天道篇有曰水靜則明燭

鬚眉平中準大匠取法焉水靜猶明而況

精神聖人之心靜平天地之鑒也万物之

鏡也【河上公】曰能知人好惡是智人也自

知賢與不肖謂反聽无聲內視无形故爲

明也

勝人者有力也自勝者強也

勝克也牛道之士謙柔自處未嘗欲勝人

而人每不能勝之者惟其有定力故也定

力者何能克去巳私而全平天理此自強

也

知足者富也強行者有志也

知万物皆備於我者則莫富於此也得是

而自強不息者有志於道也

不失其所者父也死而不亡者壽也

道不可以方所言此言所者以万物由是

出而言也人能有志於道不離於初故不

失其所如此者乃父也其形雖死其神不

亡如此者方為壽也莊子田子方篇載草

食之獸不疾易藪水生之蟲不疾易水行

小變而不失其大常也苏曰物變无窮而

心未嘗失則父矣死生之變亦大矣而其

性湛然不亡此古之至人能不生不死者
也

大道氾氾兮章第三十四 氾音

雖自知不失其所死而不亡而終不自
爲大也故次之以大道氾氾兮章

大道氾氾兮其可左右

大道氾氾兮周流无窮不可止以左右言
全言其可左右者謂可以左可以右也无
可无不可无在无不在也

万物恃之以生而不辭功成不名有 衣被万
物而不爲主

恃依賴也炙被　王弼馬誕　同古本衣被猶

覆蓋也〇万物依賴於道以生而道未嘗

爲辭生物之功旣成未嘗名爲已有又覆

蓋万物而未嘗爲主也

故常无欲可名爲小矣万物歸之而不知主

可名爲大矣

万物歸之而不知主　王弼司馬公　同古本

〇道不可以小大言故以其常无纖毫之

欲而言之則可名爲小矣以其万物歸之

而不知主而言之則可名爲大矣道何嘗

自爲大也惟常无欲而巳亦何嘗知万物

歸之欲爲之主也哉

是以聖人以其終不自爲大故能成其大

嚴導王弼同古本〇是以聖人體道无欲

終不自爲大也故以其終不自爲大万物

自然歸之故能成其大矣一有纖毫之私

欲則物不歸之安能成其大也**蘇**曰大而

有爲大之心則小矣

執大象章第三十五

大道汜汜兮而用之不可既故次之以

執大象章

執大象者天下徃徃而不害安平泰

道不可執此言執者謂守道者如手之執

物不可失也道本无象此言象者以万象

皆由是而兆見故曰大象也聖人能執道

不失則天下皆心徃而誠歸之非聖人有

招來天下之心也天下皆心徃而誠歸之

並育而不相害者惟聖人一毫无私欲神

安氣平而極於精通无一物不得其所聖

人安平泰而天下亦自然安平泰也

樂與餌過客止道之出言淡今其无味視之

不足見聽之不足聞用之不可既

出言 **王弼** 同吉木既盡也 ○此起譬也張

樂設餌以留過客過客非不爲之止也然

樂餌終則客去矣豈同夫執大象者天下

自然歸之而不離也哉蓋道之出言雖淡

今其无味且又道元形聲視之不足見聽

之不足聞然而用之則不可窮盡也

作樂設餌以待來者當不足以止過客哉

然而樂關餌盡將舍之而去若夫執大象

以待天下天下不知好之又況得而惡之

乎雖无臭味形色聲音以悅人而其用不

可盡矣

將欲翕之章第三十六

執大象者必能知消息盈虛之運而常

以柔弱之道勝剛強也故次之以將欲

翕之章

將欲翕之必固張之將欲弱之必固強之將

欲廢之必固興之將欲取之必固與之是謂

微明柔弱勝剛弱之勝強

翕斂也合也聚也

王弼同古本取一作奪

非古也○爐之有鞴方可治鍊夫鞴之將

欲翕也必固張之張之不固則不能翕也

其次可以類推天下之理有張必有翕有

強必有弱有興必有廢有與必有取此春

生夏長秋斂冬藏造化消息盈虛之運固

然也然則張之強之興之與之時已有

翕之弱之廢之取之之幾伏在其中矣幾

雖幽微而事已顯明也故曰是謂微明或

者以此數句為權謀之術非也聖人見造

化消息盈虛之運如此乃知常勝之道是

柔弱也蓋物至於壯則老矣

魚不可侻於淵邦之利器不可以示人

侻吐活切輕侻也 傳要 云別本作脫消肉

癰也韻略訓骨去肉也邦一作國今依古

本利器兵器也 ○此起譬也西昇經曰天

下柔弱莫過於炁炁莫柔弱於道然則道

之所以柔弱者包羅天地貫穿万物乃常

勝也又曰人在道中道在人中魚在水中

水在魚中道去人死水乾魚終是知魚以

喻人淵以喻道魚俛淵則終人離道則死
矣故有邦家者當以道自重不可以利器
示人也是何故邪其事好還亦如消息盈
虛之運也方其張之強之興之與之之時
已有翕之弱之廢之取之之幾伏在其中
矣惟聖人於其幽微而見其顯明知物壯
則老故常以柔道自處雖然廢興之機天
也有道者順天應人事定則修德也治國
不以道而以世俗之所謂聖智仁義巧利
示天下而使之亂者亦猶以利器示人也

利器本欲以禁亂而人反資以為亂聖智

仁義巧利本欲以利天下而人反資以弒

君竊國陳恒是也曷若以道自重无為无

欲而自靖邪非明於微者不足以洞此故

易曰知幾其神乎 河上公 以權道為利器

韓非 以勢為淵以賞罰為利器 子由 以柔

弱為利器 王雱 以剛強為利器遂使後世

疑此章為權謀之術皆不得老氏之意也

蓋老氏謂兵事好還不得已而以禁暴除

亂不可以兵取強謂強梁者不得其死不

如柔弱謂聖智仁義巧利本欲以利民而

其末必至於有害以為不若相忘於道德

此知幾也故切切明夫人不可離於道德譬

之魚不可従於淵也此豈權謀之術哉為

人主者不以道德化人而以利器示人則

是魚之悅於淵也潛心於此者不可不辨

大率此道仁者見之謂之仁智者見之謂之

智更在後之君子不以人為輕重審其是

智而已矣

道常无為章第三十七

能以柔弱之道勝剛強則万物自化至
於无名之樸亦將不欲故次之以道常

无爲章

道常无爲而无不爲王侯若能守之万物將

自化

虛靜恬淡无爲也天地人物得之以運行
生育者无不爲也王侯若能耐虛靜恬淡
則无爲矣万物將自化其虛靜恬淡則是
无不爲矣化者雖有氣質昏隔躁動多欲
者亦將不待教令自然變而化成虛靜恬

淡矣是何故邪在上者无為无欲也

化而欲作吾將鎮之以无名之樸

吾者指王侯而言作動起也鎮者安也重

也壓也无名之樸道也○人之心易塞而

難虛易動而難靜易遷而難守易變而難

常雖巳相化而或有後為外物所動欲起

妄作者則吾將鎮之以道使不敢妄作也

无名之樸夫亦將不欲

治國者天下既无妄作之人則无名之樸

亦无所用之矣寂寂虛通蕩蕩无迹譬言如

无病而志藥達岸而捨舟矣若夫學道之

士因言以明道悟道則志言若復執着有

无豈解玄妙故曰无名之樸亦將不欲

不欲以靜天下將自正

正平也定也不枉也○君天下者至於欲

樸之心亦无則純於道也安有妄動哉无

思无為不動而化不言而信垂衣拱手天

下不待教令而將自平正也太古之風不

過如是而已從事於道者至於純則化矣

不可以有加矣不知道為吾而吾為道矣

故以是結上經焉

老子道德經古本集註上

老子道德經古本集註下　范應元集註直解

上德不德章第三十八

上德不德是以有德

孔子不居其聖乃所以有德　體道而有

得於己之謂德王弼曰有德則遣其失不

德則遣其得河上公曰上德謂太古無名

號之君德大無上故言上德也不德者言

其不以德教民因循自然養人性命其德

不見故言不德也言其德合於天地和氣

流行民德以全也

下德不失德是以無德

拳拳服膺而不敢失是未能化者也故於

上德為有間矣河上公曰下德謂號論之

君德不及上德故言下德也不失德者其

德可見其功可稱也以有名號及其身故

蘇曰夫德者性之端道之用也聖人之德

配天而無所不利天何言哉故上德不以

德為德是以有大德下德纏有微善執為

大德揚名要譽是以無德上德無為而道

法自然包乎天地運乎日月散乎人物我

於中出而得之斯其所謂德也原夫上古

太朴未散所謂德者得之於自然與天地同其

迹无名无聲默運之頃自然與天地同其

長久自然與日月同其常升斯曰上德不

德是以有德也至於下古大朴旣散所謂

德者不失於顯然如是爲聖如是爲賢反

而觀之其視不可道者爲難至其視不可

名者爲莫及斯曰下德不失德是以无德

上德无爲而无不爲

此句韓非王弼王羲郭雲傳奕同古本河

上公 作上德无爲而无以爲 今從古本此復釋

上德也謂上德者不言而信不動而化无

爲而无不爲也 **韓非** 云虛則德盛德盛之 音辯

謂上德故上德无爲而无不爲也 音辯云

韓非出於戰國必見先秦古書

韓非王弼王弼郭雲傳奕同古本 河上公

下德爲之而无以爲

作下德爲之而有以爲今從古本○此復

釋下德也謂下德爲之而无以爲者爲其

當然也无私意以爲之【王弼】云下德爲之

而无以爲者無所偏爲也今引【韓非王弼】

兩家註者无它焉姑以證古本也

上仁爲之而无以爲上義爲之而有以爲

仁者愛之理也義者事之宜也愛出乎理

謂之上仁爲之而无以爲者非以要

譽也无所爲聲而爲之也事得其宜謂之

上義上義爲之而有以爲者將以處事也

苟无私意以爲之則得其宜纔有私意以

爲之則失其宜起爭端也【蘇】曰仁義皆不

免於爲之矣其所以異仁以无以爲爲勝

義以有以爲爲功德有上下而仁義有上

无下何也下德在仁義之間而仁義之下

者不足復言故也

上禮爲之而莫之應則攘臂而扔之

之應一作知應應者應對之應攘音襄擅

袖出臂曰攘扔字 **王弼** 與古本同 **音辯** 云

引也就也推也音認又音仍玉篇扔字人

丞切因也世本作仍今從古本。禮者天

理之節文人事之儀則也體雖嚴而用不

迫謂之上禮以敬為主以和為貴以此教

人而齊民也然教者必以正以正是

莫之應也以正不行繼之以怒攘臂而扔

引之則反夷矣夫子教我以正夫子未出

於正也當此之時敬和安在哉不如脩其

身而天下平也　河氏大谷曰上言禮華盛實襄

動則辨道不可應也上下忿爭故攘臂相

扔也　蘇曰自德以降而至於禮聖人之所

以齊民者極矣故為之不應則至於攘臂

而強之強之而又不應於是刑罰興而甲

兵起則徒作而元術矣張沖應曰周禮備

而六國爭雄唐禮成而五季交擾

故失道而後德失德而後仁失仁而後義失

義而後禮夫禮者忠信之薄而亂之首也

夫發語之端盡巳之謂忠以實之謂信自

失道之後愈降愈下人鮮能盡巳以實是

忠信之薄也忠信薄而後約之以禮使之

循規蹈矩弗畔於道及其末也以文滅實

反為亂階之首也

前識者道之華而愚之始也

前識猶言先見也華榮也道之散也謂制

禮之人自謂有先見故因天理而為節文

以為人事之儀則也然使人離質尚文乃

道之華也漸至逐末忘本姦詐日生人之

愚昧自此始也

是以大丈夫處上其厚不處其薄處其實不

不處其華故去上聲彼取此

韓沆嚴遵同古本一本下兩句處作居〇

大丈夫君子也是以大丈夫處其忠信之

厚而不處其薄處其道之實而不處其華

蓋知仁義禮其末必至於亂不如相忘於

道德也故除彼薄與華而取此厚與實矣

孔子曰先進於禮樂野人也後進於禮樂

君子也如用之則吾從先進程子註曰先

進於禮樂文質得宜今反謂之質朴後進

於禮樂文過其質人今反謂之彬彬而汉爲

君子蓋周末文勝故時人之言如此不自

知其過於文也用之謂用禮樂孔子既述

時人之言又自言其如此蓋欲損過以就中

也然則孔子其亦處其厚與實者歟

昔之得一章第三十九

德由自得而立名故次之以昔之得章一

昔之得一者天得一以清地得一以寧神得
一以靈谷得一以盈万物得一以生王侯得
一以爲天下貞

貞正也　王弼郭雲同古本一本貞作正亦
後人避諱也河上公本作侯王○物有万
殊道惟一本故昔之得一者天得之以清
地得之以寧神得之以靈谷得之以盈万
物得之以生王侯得之以爲天下貞是以

冬由其一而不自以爲德也

其致之一也天无以清將恐裂地无以寧將

恐發神无以靈將恐歇谷无以盈將恐竭萬

物无以生將恐滅王侯无以爲貞將恐蹶

古本如此【河上公】爲貞下有而貴高三字

致推而極之之謂發動也蹙音嚴僵也○

其推而極之一也蓋一本通乎萬殊萬殊

由於一本所以謂之一也故天地神谷萬

物王侯皆不可離於一也豈自以爲德哉

故貴以賤爲本高以下爲基是以王侯自

稱孤寡不穀是其以賤為本也非歟

王弼 同古本 **河上公** 作此非以賤為本邪

非乎今從古本○穀善也又百穀之總名

也春秋王者多稱不穀夫一視之不足見

聽之不足聞賤且下也然天地神谷萬物

王侯皆得之以為本實至貴至高也故貴

當以賤為本高必以下為基是以王侯自

稱孤寡不穀者是其以賤為本也非歟者

設問也言實以賤為本也而自稱孤稱寡

有善而自稱不善者乃不自以為德也 **蘇**

曰天地之大王侯之貴皆一之致夫一果

何物也視之不見執之不得則亦天下之

至微也此所謂賤且下也

故致數輿言評无輿言不欲球球若至落落若石

數音朝輿言稱美也 **王弼** 同古本 **河上公** 作

數車无車 **陳碧虛** 云依古本作輿球音禄

玉只若字 **河上公** 作如今從古本〇夫一

乃万物之本至貴至高而无形无聲沘稱

美可盡而況其亡乎故推而極之數數稱

美者无美也不德者乃有德也是以王侯

不欲琭琭若玉之貴但落落若石之賤也

反者道之動章第四十

一乃生物之本故次之以反者道之動章

反者道之動弱者道之用

反復也靜極而復道之動也柔弱之至道

之用也 蘇曰復性則靜矣然其寂然不動

感而遂通天下之故則動之所自起也道

无形无聲天下之弱者莫如道而天下之

至強莫能加焉此其所以能用萬物也

天下之物生於有有生於无

万物生於有形而有形生於无形大道无

形動則生物其用至弱常勝剛強昧者每

每妄動而不知靜以復命此比剛強而不

用弱以全生惟知物生於有而不知有生

於无閟察根本弗洞變化焉能虛通而得

老氏長生之道哉默曰世不知靜之為動

弱之為強故告之以物之自生者蓋天下

之物閟有母割子未聞以子制母者也

上士聞道章第四十一

大道无形動則生物上士常靜動不離

道故次之以上士聞道章

上士聞道懃而行之中士聞道若存若云

古本作懃聞道而懃行不怠者乃上士也

聞道而若存若亡者乃中士也

下士聞道而大笑之不笑不足以爲道

古本有而字聞道而大笑之者乃下士也

下士聞道而笑者以爲虛无而笑也又聞

弱之勝剛柔之勝強貴以賤爲本高以下

爲基皆不信而笑之也殊不知實運於虛

有生於无虛无自然正是道之體柔弱賤

故建言有之曰

下正是道之用也故曰不笑不足以為道

王弼孫登阮咸同古本 **河上公**本无曰字

○建立也故立言有之曰謂下文也

明道若昧進道若退夷道若纇上德若谷

夷等也易也說文云正也纇古本音未絲

節也 **河上公**作纇今從古本○道之明者

微妙幽玄故如昏昧道之進者不與物爭

故如退縮道之夷者高下隨宜故如不平

等也德之上者虛而能應故如空谷

大白若黥廣德若不足建德若輸質眞若渝

黥音辱黑坼也古本如此　河上公　作辱輸

傅奕云古本作輸引廣韻云輸愚也　河上

公作揄乃草字變車爲手傅云手字之

誤動經數代況辱字少黑字乎傅奕云當時

必有所據　王弼　作揄　董遇　作搖今從古本

質朴也眞實也渝變也○白之大若和光

同塵故如坼汙德之廣者不自盈滿故若

不足德之建者不求勝人不炫聰明故如

輸愚眞之質者隨宜應物故如渝變

大方无隅大器晚成

隅釋云角也方之大者无所不通故无圭

角器之大者真積力久故晚而成巳上皆

言行道之士深不可測有如此者

大音希聲大象无形道隱无名

大道无聲而衆音由是而出乃音之大者

也大道无象而衆象由是而見乃象之大

者也既无聲无象焉得有名可謂隱矣故

道隱於无名也是以下士聞之則大笑之

中士聞之則若存若亡也若非上士聞而

夫惟道善貸且善成

嚴遵王弼同古本河上公作善貸且成今

從古本〇貸施也謂道雖隱於无名然而

夫惟此道善貸施萬物而且善成之也

道生一章第四十二

上士聞道勤而行之故次之以道生章

道生一生二生三生萬物

道一而巳故曰道生一也猶言易有太極

也一之中便有動靜動曰陽靜曰陰故曰

了悟安能勤而行之

一生二也旅節所謂天向一中分造化者
是也一與二便是三故曰二生三也其實
一也然動靜无端陰陽无始一亦非一但
形於言則不可不謂之一也初不是逐旋
生之也其曰生者亦猶言太極動而生陽
動極而靜靜而生陰也陰陽不可不以二
而言之然陽自陰來陰自陽來其實一也
孔子所謂一陰一陽之謂道是也周子所
謂二本則一亦是也蓋二與一便是三也
自三以往生生不窮故曰三生万物也愚

何以知其然哉於吾心之初而得之也通

乎此則知道本強名尒何况一二三乎皆

自然也

万物負陰而抱陽盅氣以為和

古本作盅器虛也　河上公作沖虛也和也

今從古本○形而上者謂之道形而下者

謂之器蓋器有形也道无形也凡有形之

物皆有无形者寓其間也故陰陽之氣交

通成和而物生焉万物負陰抱陽盅氣為

和皆自然之理也　河上公曰万物中皆有

元氣得以和柔若曾中有臟骨中有髓草

木中空虛與二氣通故得以生也

人之所惡（去声）惟孤寡不穀而王侯以自謂也

嚴遵同古本河上公作而王公以為稱今

從古本○穀善也孤寡不穀人之所惡而

王侯以此自謂者孤寡乃法道之一不穀

則不自稱善也人君以沖眇自稱者亦法

道之沖虛微眇也豈自尊自大而自以為

有德哉（蘇）曰世之人不知万物之所自生

莫不賊寡小而貴衆大然王公之尊而自

孤稱寡不穀古之達者蓋已知之矣

故物或損之而益或益之而損人之所以教

我而亦我之所以教人強梁者不得其死兵

將以為學父

王弼嚴遵 同古本 河上公 作人之所教亦

我義教之強梁猶言剛暴也 音辭 六古本

作學父 河上公 作教父按尚書惟斅學半

古本並作學字則學宜音斅亦教也義同

父始也今並從古本○謙受益滿招損物

皆然物既如是則王侯固當謙虛不自滿

也人之所行可以教我我之所行亦可以
教人是何故邪人之強梁者不得其死是
所以教我不可以強梁也則吾將以為教
之始也而我之柔弱者常全乎生是亦所
以教人可以柔弱也人亦可以此為教之
始也蓋大道虛元柔弱乃不言之教父
也觀道生一一生二二生三三生萬物萬
物負陰而抱陽盅氣以為和皆自然之理
也人能體是而行一動一靜循乎自然則
事无不成物无不和也何以強梁為哉河

上公曰強梁者謂不信玄妙背道叛德尚

勢任力也不得其死謂兵刃所伐王法所

殺不得以命死也

天下之至柔章第四十三

強梁者不得其死故次之以天下之至

柔章

天下之至柔馳騁於天下之至堅

淮南子有於字與古本同○至柔謂道之

用也至堅謂物之剛者道能運物是至柔

馳騁於至堅也

出於无有入於无間耳

間隙也　傳奕嚴遵同古本　河上公本少出
於二字　○无有者道之門也无間者物之
堅實而无間隙者也凡以物入物必有間
隙然後可入惟道則出於无有洞貫金石
可入於无間隙者矣

吾是以知无爲之有益

吾者老子自稱也謂道之所以馳騁於至
堅入於无間者惟柔弱虛通而已豈有爲
哉吾是以知无爲之有益而无損也人能

體此道而虛心應物則不言而信不動而
化无爲而成豈无益也

不言之教无爲之益天下希及之

不言之教柔弱无爲之益虛通也蓋柔
弱虛通者大道不言之教无爲之益也故
人當體之而天下之人蔽於物欲好尚強
梁有爲自生障礙是以罕有及此道者矣

名與身孰親章第四十四

知无爲之有益則知足知止故次之以
名與身孰親章

名與身孰親身與貨孰多得與亡孰病

世俗之人多輕身而徇名徇貨貪得而不顧

危亡故老子問之曰身與名貨貪親孰多

必竟是身親於名貨身重於貨也至於名貨

得而身致危亡必為病邪蓋因貪名貨而

致身亡必竟是身元无病而名化貨致病也

是故甚愛必大費貨多藏必厚亡知足不辱知

止不殆可以長久

費耗也厚重也知足則簞食瓢飲而自樂

知止則功成名遂而身退此老子後曉人

功故若缺也其用是以不困夫道在阬蒲

阬在谷蒲谷大蒲者无所不蒲而不見其

迹故若虛也其用是以不盡大直者順物

自然故若詘也大巧者至妙无機故若拙

也大辯者不言而信故若訥也此五者惟

其如此故能大也下三者不言用蓋其用

亦同上二者

躁勝寒靜勝熱知清靜以爲天下正

古本有知以二字○躁極則寒寒則万物

曰是故甚愛名者則必大費精神多藏貨

者則必重失身命惟智足知止而不貪名

貨者則不致汙辱危殆可以長且久也

大成若缺章第四十五

知足知止則不弊不窮故次之以大成

若缺章

大成若缺其用不弊大蒲若盅其用不窮大

直若詘大巧若拙大辯若訥

弊困也大蒲若盅郭雲王弼同古本詘音

凋零靜極則熱熱則万物生長是知躁動
者死之根清靜者生之根故知清靜者以
為天下之正也體道者成而若缺蒲而若
盡直而若詘巧而若拙辯而若訥亦无出
於清靜矣錐然人豈有靜而不動者哉但
不可躁暴常當以清靜為正尒河上公曰
勝極也

天下有道章第四十六

知清靜以為天下正則无欲矣故次之
以天下有道章

天下有道却走馬以糞天下无道戎馬生於

郊罪莫大於可欲禍莫大於不知足咎莫憯

於欲得

邑外曰郊憯音慘痛也古本如此〇天下

有道之時人皆清靜无欲遂无交爭故却

除走馬之事以糞治田疇也天下无道之

時人皆躁動多欲遂有交爭故戎馬生於

郊境也罪過也欲貪也可欲謂凡可貪之

事物也可貪則多愛愛則求於外而有過

愛之不已則不知足故過積而爲禍禍害

世謂害於人而害於身也猶不知禍凡所

貪者又必欲得之彼⋯愛欲遂起交爭致

禍積而為咎咎釋云災也故咎莫憯於欲

得之必欲得之而不知人之痛遂致天災

之也西昇經曰欲得者凶害之根兵者天下

之大凶事有國有家者懍不知去欲是不

審戎馬之所由生也　疏曰以其可欲者示

人固有罪矣而不足其足者其禍尤甚所

欲必得者其咎最大匹夫有一於身患必

及之侯王而為是則戎馬之所自起也

故知足之足常足矣

夫惟有道則清靜恬淡知天下之物无可
貪者无不足者故知足之足常足矣人能
明道自然知足　韓　曰知足者所遇而足是

无不足也

不出戶章第四十七

清靜无欲則天下自化故次之以不出

戶章

傅奕韓非　與古本有可以字古本作關音

不出戶可以知天下不闚牖可以見天道

窺○與我同一初者天下也何待出戶所

知无為自然者天道也何待闚牖而見

其出彌遠其知彌尟 塓踐

尟字韓非王彌同古本○彌益也尟少也

求之於外者出益遠而知益少也

是以聖人不行而知不見而名不為而成

聖人得之於内是以不行而能知天下者

知其猶是也不見而能名天道者名其无

為也不為而能成萬物者成其自然也 蘇

曰性之所及非特能知能名而已可以因

物之自然不勞而成之矣

爲學日益章第四十八

能不出戶而知天下不闚牖而見天道

者則常以无事而取天下矣 輒次之爲日益章十

爲學者曰益爲道者曰損

傳奕嚴遵 與古本有者字〇爲俗學者則

日益多事而心不虛爲常道者則日損私

欲以致虛 **河上公** 曰學謂政教禮樂之學

也曰益者情欲文飾日以益多也道謂自

然之道日損者情欲文飾日以消損也 蘇

曰不知道而爲學聞見曰多而无以一之

未免爲學者也孔子曰多聞擇其善者而

從之多見而識之知之次也苟一日知道

顧視万物无一非妄以求復性而性實无

幾孔子謂子貢曰賜也女以予爲多學而

識之者歟曰然非歟曰非也予一以貫之

損之又損之以至於无爲則无不爲

同馬溫公與古本有兩之字則字陳·韶王

衍同古本○人心本虛私欲窒之則難復

其初漸去赴之又去之以至於无爲則仍

虚矣无为虚也无不为通也虚则通矣

将取於天下者姑妹常以无事及其有事不

足以取天下

心虚则道通以道化民则无事矣雖不取

天下而人心自然歸之及其政令煩刑法

嚴則雖欲取天下而人心不歸之矣

聖人无常心章第四十九

一取天下者常以无事故次之以聖人无

常心章

聖人㧑常心以百姓之心爲心

古本有之字○聖人无常心者无爲无欲

不倚於一物湛然虛明寂然不動純乎道

也以百姓之心爲心者感而遂通天下之

故也蓋是心之初无有不同是以聖人不

敢有爲多欲以生百姓之妄心但感而後

以道應之介

善者吾善之不善者吾亦善之德善矣信者

吾信之不信者吾亦信之德信矣

百姓之善者能明本善循乎自然也聖人

以道而善之則其善心自固矣百姓之不

善者未明本善私欲蔽之也聖人亦以道

而善之則將化而復歸於善也此所謂德

善矣蓋百姓與聖人得之於初者未嘗不

善也百姓之信者以其誠實也聖人以道

而信之則信心自不變矣百姓之不信者

因私欲而詐偽也聖人亦以道而信之則

將化而復歸於信也此所謂德信矣蓋百

姓與聖人得之於初者未嘗不信也是以

聖人非察察分別天下之善與不善信與

不信而區區生心作意以為善為信也惟

守道而已

聖人之在天下歙歙焉為_去天下渾_{声上}心焉

嚴遵王弼同古本○歙音吸收歛也渾大

也合也混沌之混同陰陽未分也聖人之

心與百姓之心其初均同乎虛靜純粹至

善未有惡也惟聖人清靜無欲自全其初

則百姓亦清靜無欲各全其初故聖人之

在天下收歛其心无為无欲頃刻不敢放

縱則百姓自化此乃為天下大合初心也

百姓皆注其耳目聖人皆咳之

咳何來切小兒笑貝舊本釋文並作咳 ○

百姓皆傾注耳目以觀聽於上是以聖人

清靜無欲皆使自化以全其初而不失其

赤子之心此愛養之至也

出生入死章第五十

也故次之以出生入死章

无常心則不倚一物湛然虛寂无死地

出生入死生之徒十有三死之徒十有三

此言五行之出生入死不逃乎數以言万

物之死生莫逃乎數也道所以陰陽陰陽

所以五行至五行則氣形質具其中矣存焉

十三乃自然之數巨細之物皆不可逃也

已亥四數也戊癸辰戌五數也丁壬卯酉

六數也丙辛寅申七數也乙庚丑未八數

也甲己子午九數也水土生於申死於卯

木生於亥死於午火生於寅死於酉金生

於巳死於子生者死之徒死者生之徒故

五行生死之數皆十三也曰生言出而死

言入者何也對曰五行質具於地而氣行

于天本无生死但其出則謂之生入則謂

之死皆不逃十三之數也曰巳亥何以得

四戊癸辰戌何以得五丁壬卯酉何以得

六丙辛寅申何以得七乙庚丑未何以得

八甲巳子午何以得九對曰此非圖莫能

示人〇生死之徒十有三圖

甲乙丙丁戊

巳庚辛壬癸

子（死金）丑　寅（生火）卯（死金）辰　巳（生金）

午（死木）未　申（生土）酉（死火）戌　亥（生木）

九　八　七　六　五　四

曰比於圖巳明矣十二幷辰戌丑未何故

不言五行對曰甲己化土乙庚化金丙辛

化水丁壬化木戊癸化火而辰戌丑未屬

土也曰數何以起於巳亥始於四而不始

放一終於九而不終於十對曰善哉問數

始於巳亥者六陽極於巳至午而一陰生

六陰極於亥至子而一陽生蓋陽極則陰

之所自生陰極則陽之所自生故數起於

巳亥也數始於四而不始於一者蓋道生

一一生二二生三三生萬物物生然後有

象有象然後有數物得四數故物數始於
四而不始於一也如大衍之數五十其用
四十有九亦虛其一也復問曰此何以虛
其三對曰三元是一一即是三解已具第
四十章中終於九而不終於十者蓋不始
於三不終於十乃十有三也始於四終於
九亦十有三也歸之於中以五合八以六
合七亦十有三也故數終於九而不終於十
也曰請問何以如此對曰數玄數玄籌籌
云乎哉不終不始者十有三而所以終萬

物始万物者十有三此自然之數也五行

生死尚不逃十三之數而況其亡乎

民之生生而動之死地亦十有三

韓非嚴遵　同古本○前言五行生死以總

万物生死皆不逃十三之數今特指人而

言者謂人與天地共判得五行之秀爲万

物之最靈中有不終不始者存固有異乎

物誠能虛靜无欲保神養氣則不圍十三

之數儻自生其生而躁動多欲以適死地

亦不逃十三之數尒

夫何哉以其生生之厚也

夫何哉**韓沠**與古本同〇夫何哉設問也

後答曰民之所以亦不逃十三之數者以

其自生其生之過也

蓋聞善攝生者陸行不遇兕虎入軍不被甲

兵兕无所投其角虎无所錯措其爪兵无所

容其刃夫何哉以其无死地

攝引持也兕兒序姊切猛獸如牛狀青色一

角虎鼻識神物錯置也〇蓋嘗聞之善能

引大持守其生者陸行則不遇兕虎之害

入軍則不被甲兵之傷夫何哉以其神氣

全而无可以投角錯爪容刃之地不關於

數也此乃與道合體非知巧果敢之列稽

諸成道而物莫能傷之士不可具載程太

虛仙師羅公遠真人其顯顯者矣酼臣至

人常在不生不死中生且无有烏有死地

哉一作生地且无焉有死地哉

道生之章第五十一

五行一陰陽也其所以陰陽者道也故

次之以道生之章

道生之德畜許六切之物形之勢成之

畜養也生物者道也養物者德也陰陽相

摩之物不得不形也寒暑相推勢不得不成也

天以萬物莫不尊道而貴德

皆尊其生之所從而貴其養之所自也

道之尊德之貴夫莫之爵而常自然

道德非有爵而萬物常自然尊貴之爵曰

特尊爵而後尊貴者亦非實尊貴也

故道生之畜之長之育之毒之盖之覆之

蓋言積也覆音副古本如此○物生之後積

累而長指春而言也長育指夏也亭毒指

秋也王弼李奇同古本傅奕引史記云亭

疑結也廣雅云毒安也蓋覆指冬也冬乃

万物歸根復命之時也四時所以行万物

所以生皆道也故先曰道

生而不有為而不恃長而不宰是謂玄

道生之而不以為已有為之而不自恃其

能長之而不為之主是謂玄遠之德也有

德如此而人莫能知莫能見故曰玄

天下有始章第五十二

物自道生故次之以天下有始章

天下有始以為天下母既得其母以知其子

道本无始此言有始者謂万物由是始也

母謂道也道者有而无形天地有精變化

不測通神達生故謂之母在人之身則為

神明不可以言傳口授而得之也靜而无

欲道自居矣非天下之至神不能得之既

得乎此則以是而知其子子者一也虛而

无形以万物同得此所以謂之一也非天

下之至明不能知之知此則天地人物與

我同出而異名也

得道已當復知其一也　河上公曰子一也既知

既知其子復守其母殁身不殆

既知其一復守其道則終身不危殆矣　河

上公曰已知一當復守道反无爲不危殆也

塞其兌闢其門終身不勤開其兌濟其事終

身不救

兌說也門者以心神之出而言也濟成也

目說於色耳說於聲鼻說於香口說於味

皆汨於一心故塞其耳目鼻口之所說以

開其一心之所欲則神明不出而終身不

勞苦矣塞閇者雖色聲香味交陳於前而

吾不說之即塞閇之義也莊子天運篇載

塗卻守神與此義同成玄英踈云塗塞也

卻孔也開心知之孔卻守凝寂之精神然

則儻開其耳目鼻口之所說以濟其一心

所欲之事則神明失而終身不可救矣

見小曰明守柔曰強

小謂一也一乃道之子微而難見見之者

必玄覽能見一則真所謂明矣此釋知其

子之義柔謂道也道乃一之母弱而難守
守之者必堅志能守道則真所謂強矣此

釋守其母之義

用其光復歸其明无遺聲身殃是謂襲常
遺贈也心靜則虛虛則明明則有光用其
光以接物反其明以歸虛用其光則尢雖
通而无說歸其明則心常虛而神全此釋
塞尢開門之義能如是則不贈此身殃各
是謂密傳常道也此釋終身不勤之義若
或開尢濟事則明逐物遷貽殃於身終身

不救而失道之常矣 蘇 曰世人開其所悅

徇身徇物而不反聖人塞而閉之非絕物

也以道應物用其光而已矣夫耳之能聽

目之能視鼻之能嗅口之能嘗身之能觸

心之能思皆所謂光也蓋光與物接有去

而明不損是以應萬變而不窮殊不及於

身故其常性湛然相襲而不絕矣

使我介然章第五十三

善守道者循乎自然謹於施設故次之

以使我介然章

使我介然有知行於大道唯施是畏

使我者老子託言也施平聲○謂使我介
然有知行於大道唯施爲之是畏也蓋人
生虛靜纖毫有知則介然于懷便不虛靜
矣不虛靜則道不居之安能致和道本无
爲纔有施設則涉乎迹矣一涉乎迹則亂
所由生大有可畏動可不慎乎是以聖人
无思无爲寂然不動感而遂通天下之故
周子得此意以結通書故曰艮其背背非
見也靜則止止非爲也爲不止矣其道也

深孚 河上公曰唯獨也獨畏有所施爲殊

道意欲賞善恐僞生欲信忠恐詐起也蒙

曰大道者无知无行无所施設而物自化

今介然有知行於大道則其所施設建立

非其自然有足畏者

大道甚夷　民甚好徑

夷古本如此○說文云行平易也徑小路言

其捷也○謂大道甚平易而民甚好行小

路以譬民不由正道循自然平易艱行乃

好施設行險僥倖以速求名利也下有甚

焉則上必有好者 蘇曰大道甚夷元有險

阻世之不知者以爲迂緩而好徑以求也

故凡捨其自然而有所施設者皆欲速諸

朝甚除田甚蕪倉甚虛服文采帶利劍猒飲

貪貨財有餘是謂盜夸非道也哉

古本如此除去也開也采一作綵猒飽也

夸與奢同奢也夸張自大也○先言朝甚

除者謂朝廷尚施爲要賄賂去君子取小

人甚開私小之路也上有好者下必有甚

焉者矣故智詐並興官吏倜簿需求百出

傷財害民遂致田野荒蕪倉廩不實而偏

矯官吏方且服文采之衣帶堅利之劍文

非文而不恤下武非武而不衛民假法爲

非齎民肥已餗美異之飲食積聚有餘

之貨財此皆劫剝於人以恣縱於已是謂

爲盜而夸張自大豈道也哉此老氏傷時

之言而亦足以戒後世也除字一說謂朝

廷尚施設愛苩苴更除不常則小人並進

君子退藏故民被其害曲展事廢弛倉廩空

虛小人不知耻而方且奢華自大是爲盜

而夸也亦通○繇曰俗人昭昭我獨若昏俗

人察察我獨悶悶豈復飾末廢本以施設

焉事啓以姦盜哉

善建者不拔章第五十四

自然之道本无施設故能常久故次之

以善建者不拔章

善建者不拔

抋一作脫 ○善建德者深而不拔善抱道

者固而不抋是以子孫祭祀不輟

修一作 之身其德乃真修之家其德乃餘修

者固而不抋是以子孫祭祀不已也

之鄉其德乃長脩之邦其德乃豐脩之天下

其德乃普

邦字 ⊙韓沁 與古本同一作國○脩者去乱

私欲而不使爲德之害也自脩之身其德

乃真而至於家之有餘鄉之長以邦之豐

盛天下之周普此皆建德无爲之效也

故以身觀身以家觀家以鄉觀鄉以邦觀邦

以天下觀天下

吾之身清靜无欲則不妄作不妄作則和

氣充盈和氣充盈則三田通暢三田通暢

则百脉调荣百脉调荣则遍体康健矣圣

骨实此皆抱道自然之效也是以昔人以

身喻国以心喻君以气喻民心正则气自

顺气顺则身自安乃知君正则民自顺民

顺则国自安自然之理也故以吾之身观

人之身以至於观家观乡观邦观天下一

理而巳然则清静无欲者而民自化矣善

建德者必由抱道善抱道者则德自立矣

不拔不挠则道德弘远自然子孙相续其

祭祀何時而止邪此与夫盗夲者异矣

吾奚以知天下之然哉以此

奚字韓本與古本同○謂不過以此一身

之清靜无欲而推之與天下之然可知尒

含德之厚章第五十五

善建善抱者知和知常也故次之以含

德之厚章

傳栗與古本同○含德者其德不形也苟

含德之厚者此於赤子也

彰其德則薄矣赤子者嬰兒未咳之時以

譬言一毫无私欲偽情也箋曰老子之言道

德每以嬰兒況之者皆言其體而巳未及

於用也今夫嬰兒淡然无欲其體之者至

矣然而物來而不知應未可以言用也

毒蟲虺蛇不螫猛獸攫鳥不搏 博音

傳奕 與古本同毒蟲蠍蠆之類虺蝮蛇也

螫音釋蟲行毒也猛獸兒虎之類攫鳥鷹

鸇之屬攫搏也搏擊也○惡物不敢傷害

赤子者以其德不形而又无死地也 **河上**

公曰赤子不害於物物亦不害赤子 **蘇曰**

道无形體物莫得而見也而況得而傷之

平人之所以至於有形者由其有心也故

有心而後有形有形而後有敵敵立而傷

之者至矣无心之人物莫與敵者而曷由

傷之夫赤子之所以至此者惟其无心也

骨弱筋柔而握固未知牝牡之合而朘作精

之至也終日號而嗌不嗄和之至也

牝蜀陰牡蜀陽朘𝗯傅奕與古本同今諸本

多作峻玉篇朘字注亦作峻屢係三字通

用並子雷切赤子陰也號平聲嗌音益咽

也嗄所諍切聲破也○赤子筋骨雖柔弱

而掌握牢固未知牝牡之合而朘作者精

全之甚也以雜終日啼號而聲不破者氣和

之甚也以譬含德之厚者純粹而不雜靜

一西不變也河上公曰赤子筋骨柔弱而

持物握固以其意專而心不移赤子未知

男女之合而陰作怒者由精氣之所至也

赤子終日啼哭而聲不變易者和氣之所

致也蘇曰无執而自握无欲而自作是以

知其精有餘而非心也心傷則氣傷氣傷

則號而嗄終日號而不嗄是以知其心不

動而氣和也

知和曰常知常曰明

和出自然苟好惡內傷則不和矣惟沖則

和知和則常又也故知和曰常常又之道

非至明者不能知之故知常曰明也　蘇曰

和者不以外傷內也復命曰常遇物而知

反其本者也知和曰常得本以應萬物者

也其實一道也故皆謂之常

益生曰祥心使氣曰強

祥妖恠也又禍也善也此指妖恠之羕○

謂知常久之道者則因自然而不益生守

柔弱而不強壯顯則成體隱則成始神通

自在變化無窮不知常久之道者則欲益

生而妄作是謂妖怪也欲以心而使氣是

謂強壯也生道无為豈可益之沖无自然

豈可使之吳以朱真人桃椎曰道者无也

道體者虛无也虛无者自然也自然者无

為也无為者心不動也內心不動則外境

不入內外安靜則神定氣和神定氣和則

元氣自正元氣自正則五臟流通五臟流

通則精液上應精液上應則不思五味五

味已絕則飢渴不生飢渴不生則三田自

盛三田自盛則髓堅骨實返老還元如此

修養則真道成矣以此證之則何嘗益生

而必使氣邪特不害之則元氣自正介

故善平天下者亦如平身也虛靜恬淡无

爲自然其德不形人物自正是以陰陽和

順變異不興子孫綿綿享祚无已不善平

天下者躁動多欲好尚強梁是以妖孽並

興不能常久也　蘇曰生不可益而欲益之

則是其祥矣祥妖也氣惡妄作而又以心

使之其強梁其矣

物牡則老是謂不道不道早巳

凡物牡則必老強壯之人是謂不合於道

不合於道則早巳矣（蘇）曰益生使氣不能

因其自然日入於剛牡而老從之則失其

赤子之性矣

知者不言章第五十六

知和知常者未必言也故次之以知者

不言章

其銳解其紛和其光同其塵是謂玄同
知者不言也言者不知也塞其兌閉其門挫

道不可知不可言知者知其不可知不可
言故不言也然則五千餘言豈非言乎此老
言故不言也言者是不知其不可知不可
氏憂後世溺於言辭而不能反身而求之
於此心之初故令人因言以求意得意則
忘言要在乎體而行之也愚竊謂言固不
是知亦未是惟塞兌開門以挫情欲之銳
解事物之紛瑩心鑑而不炫其明混濁世

而不汙其真者則是謂與道冥合矣故易

繫曰默而成之不言而信存乎德行〇曰

道非言說亦不離言說然能知者未必言

能言者未必知惟塞兊開門以杜其外挫

銳解紛和光同塵以治其内者默然不言

而與道同矣

不可得而親亦不可得而踈

亦不安何土公音馬公同古本夫道近之不

邇遠之不遐

不可得而利亦不可得而害

淡然无欲超然无累

不可得而貴亦不可得而賤故爲天下貴

莫之爵也无能喻也體道之人以是之故

爲天下貴若可得而親之利之貴之者則

亦可得而踈之害之賤之也何足常貴哉

以正治國章第五十七

體道者以无事而取天下故次之以以

正治國章

以正治國以奇用兵以无事取天下

正字得突陳〇虛並云古本作政然政者

正也義以禁奇異也 ○兵以禁亂除暴不得
巳而用之不可以為常也運籌奇於帷幄之
中决勝於千里之外以奇異之謀也然而
以正治國以奇用兵不若以大道无事而
取天下也 曰古之聖人柔遠能邇无意
於用兵唯不得巳然後有征伐之事故以
治國為正用兵為奇雖然此亦未足以取
天下天下神器不可為也為者敗之執者
失之唯體道者廓然无事雖不取天下而
天下歸之矣

吾奚以知天下其然哉以此

老子自謂何以知天下如是哉蓋以此道
而知之也

夫天下多忌諱而民彌貧

政事叢脞賦斂煩苛動多忌諱則民無所
措手足故愈貧窮歟曰人主多忌諱下情
不上達則民貧而无告矣

民多利器而國家滋昏

古本有而字○授人以殺人之器教人以
殺人之事則民多傚效故國家滋益昏亂

是以兵不可以爲常也

民多智惠而衰事滋起

王弼同古本○衰與邪同○智惠出有大偽

民多智惠則不正之事益起

司馬遷與古本同○夫民窮則濫

法令滋章而盜賊多有

章明也

民多利器則凶民多智惠則詐在上者不

能无爲无事而使之自化方且嚴刑法以

誅之明號令以禁之而貪官猾吏則弄法

以爲姦智詐窮民則相率而爲盜故法令

滋章而盗賊多有矣縣曰患人之詐偽而

多為法令以勝之民无所措手足則曰入

於盗賊矣

故聖人云我无為而民自化我好静而民自

正我无事而民自富我无欲而民自朴

此正已而物正著也聖人如此是以雖不

取天下而天下自歸之矣

其政閔閔章第五十八

取天下常以无事故次之以其政閔章閔

其政閔閔其民偆偆其政詧詧其民缺缺

閔音門注具上篇偆舊音春傳乑同古本

玊篇偆尺尹切厚也也冨也登譽登譽叢脞為明

鉄獻鉄也〇謂其政以德閔閔若昏則其

民冨足而淳厚矣其政以智叢脞為明則

其民尉用鉄而淳厚戯矣

禍兮福所倚福兮禍所伏軏知其極其无正

邪正復為奇善復為禊民之迷其曰固已矣乆

倚依也伏隱也極盡也无正猶言不定也

邪余遮切疑辭禊古本如此與袄同左氏

玄地反物為禊說文玄巧也〇謂其政閔

關清靜无為而无福无禍其政譽譽有為

躁動而有福有禍蓋吉凶悔吝生乎動也

由動而徃則福依於禍禍隱於福而誰能

知禍福之窮盡乎疑其无窮邪是有定也

能知譽譽之為禍而不為則便是福若以

譽譽之為福而有為則便是禍然則禍福

元有定矣故太上曰禍福无門唯人自召

蓋政者正也正本无為苟有心而為正則

生民心故反為奇異善本自然苟有心而

為善則變民心故反為樸恟因譽譽而致

民之迷惑其日固已久矣

是以聖人方而不割廉而不劌直而不肆光

而不燿

劌姑衛切傷也肆陳也燿照之光也○是

以聖人方正而不割截清廉而不傷劌端

直而不陳設光明而不炫燿皆本自然非

有為也此所謂閔閔矣如是則民之淳厚

自全而樸異不作又奚以察察為善政哉

故孔子曰為政以德譬言如北辰居其所而

眾星共之

治人事天章第五十九

其政閔閔者能去人欲以事天道也故

次之以治人事天章

治人事天莫若嗇夫惟嗇是以早服

治平聲若字**河上公**同古本嗇愛惜之義

服事也謂去人欲以事天道莫若自愛精

嗇也夫惟自愛精嗇是以能早服事天道

也晚則精嗇已耗矣服字古本如此**河上**

公蘇子由韓淲俱作服字註**王輔嗣**及

世本作早復如易復卦不遠復之義象

不遠之後以修身也亦通然承上文事天

處來服字相貫孟子亦有事天之說但孟

子存心養性事天就復事處說朱文公註

云存謂操而不舍養謂順而不害事則奉

承而不違也此經則就自愛處說朱文公

亦云此章就養精神處說愚謂必先造道

自愛然後可以體道而應事物也

早服謂之重積德重積德則无不克也克勝

能及早而服事天道謂之重積吾之所得

者也重積吾之所得則无不勝於人欲矣

无不克則莫知其極莫知其極則可以有國

則字河上公作事　同古本　〇无不勝於人

欲則合于天道而莫知其窮極此乃人欲

盡淨天道流行也德既无極則可以有國

而為君也蓋皆人以心喻君以燕喻民以

身喻國能愛精无則可以有身由是而推

能愛民物則可以有國此天下國家之本

在身也通乎此者非以圖國而人自歸之

則其德可以有國也

有國之母可以長久是謂深根固抵長生久

視之道

母者道也精焉之所自而生也身有道則
精全氣順可以長生國有道則民安物阜
可以父視此所謂長生父視之道譬如木
之根深柢固者則枝葉繁盛而能長且父
也柢字傅奕引古本云柢本也又引郭璞
云柢謂根柢也河上公作蔕非經義夫柢
亦是根韓非解云木有蔓根根有柢根柢
根者木之所以建生也蔓根者木之所以
持生也柢固則長生根深則父視

治大國章第六十

得長生久視之道則可以蒞天下故次
之以治大國章

治大國者若亨切普庚小鱗

鱗總括魚之屬也傅奕孫登同古本小鱗

小魚也治大國者譬若亨小鱗夫亨小鱗

者不可擾擾之則魚爛治大國者當无爲

爲之則民傷蓋天下神器不可爲也

以道蒞天下其鬼不神

蒞臨也鬼神陰陽中之靈也鬼歸也神伸

也程子曰鬼神者天地之功用而造化之
跡也張子曰鬼神者二氣之良能也朱文
公曰以二氣言則鬼者陰之靈也神者陽
之靈也以一氣言則至而伸者爲神反而
歸者爲鬼其實一物而已然則聖人以道
无爲而臨天下則陰陽和順其歸於陰者
不伸於陽也
非其鬼不神其神不傷民非其神不傷民聖
人亦不傷民兩不相傷則德交歸焉
古本如此○非其歸於陰者不伸於陽其

仲於陽者不傷民余非其伸於陽者不傷

民蓋聖人亦不傷民也鬼神不傷民聖人

亦不傷民是兩不相傷也夫鬼神視之而

弗見聽之而弗聞體物而不可遺朱文公

玄其言體物猶易所謂幹事然則聖人无

爲而万物自化是聖人歸之於鬼神之德

也鬼神不擾而万物无傷是鬼神歸之於

聖人之德也故曰兩不相傷則德交歸焉

大國者天下之下流章第六十一

治大國者宜謙下故次之以大國者天

下之下流章

大國者天下之下流天下之所交也

古本如此。○天下之所交會大國者以其

能謙而居下也 ⚫蘇曰天下之趨大國猶衆

水之趨下流也

天下之牝牡常以靜勝牡以其靜故爲下也

牝字嚴遵同古本。○大國又宜主靜譬之

天下之牝牡常以靜勝牡之動也惟靜而

无爲可以應動惟謙而居下可以得衆上

文下字並上聲

故大國以下小國則取小國以下大國

則取大國故或下以取或下而取

大國能謙下則小國附之小國能謙下則

大國容之故大國謙下以取人小國謙下

而取於人此一節下字並去聲

大國不過_{去聲}欲兼畜_{丑六切}人小國不過欲入

事人兩者各得其所欲故大國者宜為下

過越也畜聚也○不過兼畜入事兩得所

欲則大小相安然大國兼畜常宜謙下

道者万物之奧章第六十二

能謙下者則能兼畜故次之以道者萬

物之奧章

道者萬物之奧善人之所寶不善人之所保

美言可以於市尊行可以加於人

古本如此奧字王篇深也內也主也藏也

善人已明善者也不善人未明善者也保

安也於市字上疑脫一字市交易之所加

益也○言大道甚深而萬物皆備所以善

人珍貴之而不敢失也不善人依賴之而

所以安也美而言之則可以和於市尊而

行之則可以益於人

人之不善何弃之有故立天子置三公

人之未能明善豈可弃之天子者尊事上

帝父事於天母事於地法上帝之无欲則

天地之清靜三公者太師太傳太保師者

天子之師法傅者天子之相傳保者天子

之保倚皆以清靜无欲之道啓迪天子者

也謂自有生民不可无道故立天子以主

道置三公以迪道則可以化民反善不善

者皆歸於善也

雖有珙璧以先〔声其〕駟馬不如坐進此道

古本作珙大璧也璧以玉為之形圓象天

中虛法道說文云瑞玉也周禮蒼璧禮天

珙一作拱春秋傳與我其拱璧【司馬溫公】

曰璧大如拱亦通先前道守也駟馬良馬四

匹為乘共駕一車【音辯】云古之重禮獻乘

馬而先之以珙璧也乘去聲○雖有珙璧

之異以先駟馬之良而為獻不如坐進此

清靜无欲之道之為貴也珙璧駟馬何足

道哉適足以起文爭之患矣【蘇】曰立天子

置三公將以此道救人亦雖拱璧之貴駟

馬之良而進之不如進此道之多也

古之所以貴此道者何不曰求以得有罪以

免邪故為天下貴

何字得字絕句○古之所以貴此道者何

也非謂其反求諸已則得之得之則昔雖

有罪而亦可以免之邪故為天下之貴也

邪者託疑辭以問人也此道求則得之舍

則失之凡人未得道則有妄作之罪既得

道則昔雖有罪亦可以免而自新豈後有

罪也蓋循理則非特无罪又可以利益於

人物豈不貴哉

爲无爲章第六十三

爲无爲章

道者万物之奧而无爲自然故次之以

爲无爲事无事味无味

无爲无事无味皆指道而言也无爲言其

虛无事言其靜无味言其淡本皆自然而

致之守之甘之則在乎人故不可不曰爲

曰事曰味也然此道至易至簡至細至和而行

之至難若果而確則未嘗難未嘗大未嘗

招怨也故聖人不妄爲而常爲於无爲不

生事而常事於无事不䢒味而常味於无

味也

大小多少報怨<small>去聲</small>以德

天地之大人猶有所憾者以天地有形跡

故得以憾其風雨寒暑大小多少之或不

時然天地未嘗以人有憾而輟其生成之

德聖人之大人亦有所怨者以聖人有言

爲故得以怨其恩澤賞罰大小多少之或

不齊而聖人亦豈可以人有怨而輟吾教

化之德故曰報怨以德雖然知一涉言爲

一有形迹終不免於怨憾故常當爲无爲

事无事味无味以輔萬物之自然也

難乎於其易爲大乎於其細天下之難事

必作於易天下之大事必作於細是以聖人

終不爲大故能成其大

古本有乎字〇知一涉言爲難免乎怨則

當於其易而謀之知一有形迹難成乎大

則當於其細而爲之凡難事必作於易大

事必作於細者不過在乎此心一發之始

介易曰作事謀始聖人知其如此所以常

虛靜恬淡而終不爲大故能成其大也

夫輕諾者必寡信多易者必多難是以聖人

猶難之故終无難

者字猶字古本○夫輕諾許於人者必少

信實固當謹乎言也多輕易於事者必多

艱難固當謹乎爲也是以聖人於輕諾多

易尚且難之故終无難也爲人君者所以

置史官以書言動蓋恐去爲輕易以斂天

下之怨而傷陰陽之和至於貽万世之誚

也大凡云爲之幾可不謹畏乎

其安易持章第六十四

爲无爲事无事味无味則安而无危矣

故次之以其安易持章

其安易持其未兆易謀其脆易判其微易散

慮難曰謀判分也 **王弼司馬公** 同古本小

而易斷曰脆微細也○諦觀此心之初慮

靈微妙安而无危於此持之何難之有持

謂持守道心也此心之初私欲未兆於此

謀之豈為難事謀者慮其有難也由此而

推之天下國家方安之時易為持守禍亂

未兆之時亦易為謀慮也設若私欲方萌

禍亂方芽猶易分散也

為之乎其未有治聲之乎其未亂_{古本}

此先釋其安易持其未兆易謀之義謂循

理而為之於私欲禍亂未有之時也次釋

其脆易判其微易散之義謂攻理私欲禍

亂於未甚之時也此皆端本澄源之意蘇

曰方其未有持而謀之足矣及其將然非

判而散之不去也然猶愈於既成也故為
之於未有上也治之於未亂次也
合抱之木生於豪末九成之臺起於累土千
里之行始於足下為者敗之執者失之
豪字成字古本○凡事從小成大由近至
遠有為者敗其自然執著芸芸喪其本真故
私欲自无而有從微至著去道日遠以召
禍亂也
是以聖人无為故无敗无執故无失民之從
事常於其幾成而敗之慎終如始則无敗事

古本有其字幾近也○道本无為心非有

作一念繞起即是妄源為惡而善而事雖

不問逐境逐情而意常不異妄念既作莫

非危機故舜曰人心惟危是以聖人寂然

不動感而逐通天下之故常因自然非區

區有為有執故无敗无筴也凡事有為則

有敗有執則有失民之從於世事為利欲

所誘鮮因其自然乃生心作意以為之其

始也未少不謹其終也多至於貪肆故常

於其事近乎成而敗之業　　終如始則

尚廉幾无敗事矣

是以聖人欲不欲不貴難得之貨學不學復

眾人之所過以輔万物之自然而不敢為也

欲乎不欲常无為也學乎不學體自然也

復音伏反本之義眾人貴難得之貨而輕

至重之身欲之勝也尚有為之迹而乖自

然之道學之過也聖人則不然欲乎不欲

而不貴難得之貨學乎不學而復眾又之

所過將以輔万物自然之理而不敢妄為

也

古之善為道章第六十五

輔万物之自然而不敢為故次之以古

之善為道章

古之善為道者非以明民將以愚之

聖人之道大而化之故古之善為道以化

民者非以明之將以愚之使淳朴不散智

詐不生也所謂愚之者非欺也但因其自

然不以穿鑿私意導之也　蘇曰古之所謂

智者知道之大全而覽於物之終始故足

貴也兄民不足以知此而為於小智以察

為明則智之害多矣故聖人以道治民非

以明之將以愚之分蓋使之无知无欲而

聽上之所爲則雖有過亦小矣

民之難治以其知（音智下同）多也故以知治國國

之賊不以知治國國之福

不循自然而以私意穿鑿爲明者此世俗

之所謂智也故用智治國則下亦以智應

惟務穿鑿不循自然姦詐斯生上下相賊

世俗之所謂智者非國之賊而何不用智

治國則德化清靜其民淳朴天下和平非

國之福而何周子拙賦得之矣（蘇）曰吾以

智御人人亦以智應之則上下交相賊矣

知此兩者亦稽式也知此稽式是謂玄德

傳奕玉弼 同古本稽古今反考也同也如

尚書稽古之稽〇此用智不用智兩者亦

是考古之法也能知此考古之法是謂玄

遠之德也故三代皆順考古道而行之傳

奕云稽式今古之所同式也

玄德深矣遠矣與物反矣乃復至於大順古本

玄德深而莫測遠而无極非以察察爲明

與智固反然德博而化乃復至於大順也

福者百順之名智詐不作禍亂不起福之

至也順莫大焉蘇曰吾之所貴者德也物

之所貴者智也德與智固相反智之所順

者小而德之所順者大矣

江海爲百谷王章第六十六

玄德深遠故次之以江海爲百谷王章

江海所以能爲百谷王者以其善下之故能

爲百谷王

众雅云水注谿曰谷○江海所以能爲衆

水所歸者以其善下之而居不爭之地也

譬言天下之歸於王者以其人謙下而不爭也

是以聖人欲上民必以其言下之欲先民必

以其身後之是以聖人處_{上聲}之上而民弗重

處之前而民弗害是以天下樂推而不猒不

以其爭故天下莫能與之爭_枯

猒於艷切足也○聖人卑辭退已非欲上

民先民而民自尊讓之也此言欲上者俾爲

人君者欲要上民先民當謙辭後已也能

如是則處之上而民弗重猶四體之戴元

首也處之前而民弗害猶影之隨形也自

然相化是以天下樂然推尊而不猒足也

蓋聖人不以其爭故天下莫能與之爭也

蘇曰聖人非欲上人非欲先人也蓋下之

後之其道不得不上且先尒

天下皆謂章第六十七

聖人之道爲而不爭故能爲成器長故

次之以天下皆謂吾大章

天下皆謂吾大似不肖夫惟大故似不肖若

肖义矣其細也夫

吾大傳奕與西晉本同古本肖類也大字

肖字絕句○老氏未嘗自大也蓋以道自

重而天下莫能知之故謂其大而似不類

衆人也因自述時人之語而答之曰夫惟

大故似不類衆人若類衆人則及其么矣

亦細己夫

我有三寶持而寶之

韓非王弼傳奕同古本○老氏自謂我有

三寶持守而珍貴之謂下文也**韓非**云事

必万全而擧无不當則謂之寶矣謂以三

者爲寶吾執持而寶之珍惜之義也

一曰慈二曰儉三曰不敢爲天下先夫慈故

能勇儉故能廣不敢爲天下先故能爲成器

長声今舍〈上声下同〉其慈且勇舍其儉且廣舍其

後且先是謂入死門〈古本〉

長主也大也舍去也慈愛也〇吾之心慈

愛素具由愛親愛君推而愛人愛物皆自

然之理兹爲第一寶也儉約也吾能无欲

則甘於恬淡而不奢兹亦一寶也吾能虛

靜謙退无爭不敢爲天下先兹又一寶也

夫慈愛故能勇於行道使親安君尊而天

下人无弃人物无弃物也儉約故能不暴

殄天物而使天下不尚奢侈家給人足可

謂廣矣不敢為先而常謙下不妄生事而

常虛應人皆尊之故能為成才器之人之

長也以此三者處上則帝王天子之德也

以此三者處下則玄聖素王之道也令去

其慈而好勇鬬很去其儉而奢侈多欲去

其後而與人爭先是謂入死門矣

夫慈以陳則正以守則固天將救之以慈衞

之

陳音陣軍師行伍之列也古本如此〇夫

慈愛之道以之臨陳則正以之守圍則固

苟有患難則天必將救之蓋以其慈愛而

不妄傷人物所以衛護之也○蘇曰以慈愛

物物之愛之如已父母雖爲之效死而不

辭故可以戰可以守天之將救是人也則

開其心志使之无所不慈无所不慈則物

皆爲之衞矣

古之善爲士者不武章第六十八

人能慈愛則可以陳可以守故次之以

古之善爲士者不武章

古之善爲士者不武善戰者不怒

傳奕同古本○古之善爲士者不尚武勇

遠人不服則修文德以來之苟德所不能

化不得已而用兵禦之則從容和豫何怒

之有怒則无謀矣孔子曰必也臨事而懼

好謀而成者也蓋懼則敬其事而不敗成

則善其謀而後動若能不待出師而亂自

戢此善戰也

善勝敵者不爭善用人者爲之下

兵以儒民守得其道則自固吾圉何爭之

有若能未嘗觀兵而敵不敢犯此善勝也

謙下者人心悅服而願為之用也

是謂不爭之德是謂用人之力是謂配天古

之極也

配合也極至也○不武不怒而善勝敵者

皆是不爭之德也謙為德柄實是用人之

力也天之道不爭而善勝下濟而光明能

如是則德合於天古之極至之道也

用兵者有言章第六十九

善戰者不怒善勝敵者不爭故次之以

用兵者有言章

用兵者有言曰吾不敢爲主而爲客不敢進

主而退尺是謂行无行攘无臂（攘臂者作怒而舊臂也）

扔无敵執无兵（扔物吾韻别仍 執无兵古本）

⬤疏曰主造事者止客應敵者也進者有意

於爭也退者无意於爭也无意於爭則錐

用兵與不用均也苟无意於爭則錐在軍

旅如无臂可攘无敵可扔无兵可執而安

有用兵之咎邪

禍莫大於輕敵輕敵則幾亡（无切 方吾寶故抗）

兵相加則哀者勝矣枯

幾近也立无也抗扞也拒也○兵者凶器

戰者危事故禍莫大於輕敵懼好勇輕敵

則近乎无吾大慈之寶矣天道尚慈聖人

法天以慈爲寶亦以民爲寶苟或輕敵出師

兩陳相交傷殺无數血塗草莽骨暴荒郊

豈非立吾寶哉故抗拒之兵雖多寡強弱

相似則能不輕敵而有哀矜人命之慈者

必勝也夫何故乎天道惡殺而好生余呼

兵以禁暴衛民豈可以非迫於不得已而

用之輒輕舉以荼毒生靈也哉

蘇曰聖人

以慈爲寶輕敵則輕戰輕戰則輕殺人喪

其所以爲慈矣兩敵相加而吾出於不得

已則有哀心哀心見則天人助之雖欲不

勝不可得矣

吾言甚易知章第七十

輕敵者是不知言有宗事有主也故次

之以吾言甚易知章

吾言甚易知甚易行而人莫之能知莫之能

　　　　　　　　　　　　能　　　能

　　　　　　　　　　　　　　行

傳奕同古本○老子云吾所言虛靜柔弱和

慈儉不爭等事皆本自然循理而足甚易

知易行也而人多躁動多欲強梁貪競以

掇禍患者是莫之能知莫之能行也 蘇曰

道之大復性而足性之妙見於飲食起居

之間介聖人指此以示人豈不易知乎人

能體此以應物豈不易行乎然世常患曰

用而不知知且不能而況能行之乎

言有宗事有主夫惟无知是以不吾知也

主字一作君令從古本〇吾言有所宗吾

事有所主宗主者何道德是也道本无知

一而行万源止湛然其用則虛靜柔和慈

儉不爭而不求人知故人亦不可以智知

得之在我同乎无知夫惟无知是以天下

之人於其他則可以智知至於吾道則不

能知非真知也　蘇曰言者道之筌也事者

道之迹也使道而可以言盡則聽言而足

矣可以事見則考事而足矣惟言不能盡

事不能見非捨言而求其宗遺事而求其

君不可得也蓋古之聖人无思无爲而有

漠然不自知者存焉此其思慮之所不及

是以終莫吾知也

知我者希則我貴矣是以聖人披褐而懷玉

披音被衣覆也褐短衣也○惟其真知吾

道者希少則吾道貴矣其他可以智知者

何足貴哉是以聖人內有真貴外不華飾

不求人知與道同也故曰披褐而懷玉王

者以其德也玉本不足以此德蓋取世俗

之所貴者為此以指人介 蘇曰眾人之所

能知亦不足貴矣披一作被聖人外與人

同而中獨異介

知不知章第七十一

道不可以智知故次之以知不知章

知不知尚矣不知不知病矣_{古本}

尚庶幾也一作上今從古本○道不可知

人能知乎不知之處者庶幾於道矣故莊

子曰知止其所不知至矣然則不知而妄知

為病矣蘇曰道非思慮之所及故不可知

然方其未知則非知无以入也及其既知

而存知則病矣故知而不知者上不知而

知者病

夫惟病病是以不病聖人之不病以其病病

是以不吾病枯本

夫惟病彼天下有妄知之病者是以不吾

病也聖人之所以不病者以其病彼天下

有妄知之病是以知止其所不知而不吾

病也 蘇 曰既不可不知又不可知知之

為病若又而病自去矣

民不畏威章第七十二

真知此道者鮮是以不畏自巳神明之

威故次之以民不畏威章

民不畏威則大威至矣

道者在人之身則爲神明畏者嚴憚之意

也威者自心神明之威也自心神明正直

无私威不可犯深可信畏凡人不聞賢愚

隱顯去爲惟此心纖毫不可欺者乃神明

之所在也或者昧此恣情縱欲潛行不善

以爲已獨知之而人皆不知殊不顧自己

神明之威凜凜然不可欺也不知畏威惡

積不已則大威至矣大威至則天猒之安

可解此有道者所以循自然之理而毋不

敬不敢妄為也

元狎其所居无猒其所生夫惟无猒是以无
猒本

狎戲玩也猒如天猒之之猒弃絕也心者

神之所居身者无之所生補无同出於道

今夫人之運用非神无則不能矣神无不

可須臾而離也神清則无爽无濁則神昏

故常當虛靜以存神謙柔以養无禍自然

之理以應物儻不能虛其心弱其志而使

情欲得以竊入傷害則是戲玩其所居之

神獸弃其所生之无也苟戲玩獸弃不巳

至於惡積而不可揜罪大而不可解以至

滅亡此天獸之而大感至也故曰无狎其

所居无獸其所生夫惟人无獸弃神无是

以神无亦无獸弃人也嘗觀世俗之人間

曰見性便是透脫不復脩身誠巳至於違

理傷物甚而恣縱情欲弗顧形骸以謂幻

軀竟泒堅固殊不知未能慎守此身善養

神无循自然之理以全真精以應事物則

何以謂之透脫孔子曰君子有三戒

命畏大人畏聖人之言小人不知天命而

不畏也狎大人侮聖人之言朱文公註曰

天命者天所賦之正理也而莊子有聖人

貴精養神之語孟子有夜氣旦旦氣之論儵

身應物一理而已然則人也徒以見性而

便猒弃此身之神焉不後循理以修身應

物可乎

是以聖人自知而不自見 噫音自愛而不自貴

故去彼取此

古本有而字〇聖人自知其神而不求人

知自愛其柰而不來人貴於故去彼自見自

貴之行而取此自知自愛之道是以神柰

相守顯則成體隱則成始變化无窮深不

可測是謂深根固抵長生以視之道爲得

有大威至矣

勇於敢章第七十三

民不畏威者是不知天網恢恢疏而不

失也故次之以勇於敢章

勇於敢則殺勇於不敢則活此兩者或利或

害天之所惡孰知其故是以聖人猶難之

故常也強梁者勇於敢而好爭則因以殺

身柔弱者勇於不敢而不爭則因以活身

此敢與不敢兩者世或以敢爲利而因以

殺身則是害也世或以不敢爲害而因以

活身則是利也故曰或利或害由是觀之

強梁者天之所惡斷可識矣而世之人誰

知其常也世俗但知趨利避害而鮮知利

之爲害也是以聖人之於勇敢有爲尚且

難之以其有利害存乎其間也故常虛靜

謙柔循理應物安於不爭之地況非聖人

而欲妄動可乎　蘇曰勇於敢則死勇於不

敢則生物理之大常也然而敢者或以得

生不敢者或以得死世遂以僥倖其或然

而忽其常理夫天道之遠其或有一或然

者孰知其好惡之所從來哉故雖聖人猶

以常為正其於勇敢未嘗不難之列子曰

迎天意揣利害不如其已惠夫天道之難

知是以歷陳之也

天之道不爭而善勝

天之道不與物爭而物自化是善勝也然

人不可外此心而求天道於高遠也〔蘇曰〕

不與物爭於一時要其終勝之而已

不言而善應不召而自來

不言而有感必通是善應也不可測度而

離之是不召而自來也〔蘇曰〕夫何言哉四

時行焉百物生焉未有求而不應者也神

之格思不可度思矧可射思夫又誰召哉

默然而善謀　　網恢恢疏而不失

默字傅奕同古本河上公并開元御註本

作繟　王弼梁王尚絅臺張嗣作坦今依古

本〇默然虛靜而動无不成是善謀也恢

大也包羅无外如大網焉雖希疏而不失

巨細善惡皆不可逃也此聖人所以輔

物之自然而不敢妄為矣然天網者亦不

可外此心而求之也〖蘇〗曰此以耳目觀天

見其一曲而不覩其大全有以善而得禍

惡而得福者未有不疑天網之疏而多失

也惟能要其終始而盡其變然後知其恢

恢廣夫雖疏而不失也

民常不畏死章第七十四

民不知天網恢恢疏而不失是以常不

畏死故次之以民常不畏死章

民常不畏死如之何其以死懼之䅳

謂民之爭利犯法而常不畏死者由上之本

人有為多欲而然也在上者只當清靜无

欲而使之自化如之何更以死衆懼之蘇

曰政煩刑重民无所措手足則常不畏死

雖以死懼之无益也

若使民而畏死而為奇者吾得執而殺之敢

在上者既以清靜无欲化民如使民而樂

生畏死不犯刑法而其間或有為異常之

事以亂正者吾得以刑法執而殺之孰敢

為奇惟其不畏死所以為奇也吾亦豈可

遽殺之常有司殺者殺矣當思吾其亦豈恐

有未善賦役恐有煩奇而使之至於此也

益宜反躬修德以化之若或果是天理之

所不容國人之所共疾法當弃市則是司

殺者殺之非吾殺之也亦非司殺者殺之

乃其自取也蓋天道惡殺而好生介

民安於政常樂生畏死然後執其詭異亂

羣者而殺之孰敢不服哉

常有司殺者殺

天網恢恢疏而不失苟有惡積罪大之人

常有司殺者殺之〔夥〕曰司殺者天也方世

之治而有詭異亂羣者恣行於其間則天

之所弃也天之所弃而吾殺之則是天殺

之而非我也

代司殺者殺是代大匠斲夫代大匠斲者希

有不傷其手矣 帖

斷斫也削也謂設或有為奇者而上之人

執而邊殺之是代天之司殺者殺矣夫代

天之司殺者殺是拙夫而代大匠斲夫拙

夫而代大匠斲希有不傷其手矣是知為

民上者當以清靜無欲化民而使之不至

於爭利犯法可也苟不以德而及重刑憲

欲代天之司殺者殺則是為民上者殺之

亦必及其身矣　轍曰非天之所殺而吾自

殺之是代司殺者殺也代大匠斲則傷其

手代司殺者殺則及其身矣

民之飢章第七十五

民常不畏死者非惟不知天網恢恢疏

而不失亦皆因上之有為多欲而然也

故次之以民之飢章

民之飢者以其上食稅之多也是以飢民之

難治者以其上之有為也是以難治蓋

食者充君之庖稅者輸國之賦食用當儉

賦稅當輕在上者或取之於民太多是奪

民之食而使之飢也然則上之庫藏民之

怨府也庫藏之物民之膏血也何況酷吏

非泛誅求視天之民反不如於猪狗吏餘

珍饌民乏糟糠怨氣衝天禍亂斯作殊不

知民不難治至於難治者由上之人有爲

多欲而民亦化上是以難治也漢文帝盡

減民租恭儉清靜而天下大治其效著矣

〇蘇曰上以有爲導民民以有爲應之故多

事而難治

民之輕死者以其生生之厚也是以輕死枯

民本不輕死以其在上者嗜欲太厚意欲

自生其生下民化之於利甚切不顧危亡

是以輕死殊不知外物不足以存生故物

有餘而生之矣　穌曰上以利欲先民民亦

爭厚其生故輕死而求利不厭

夫惟無以爲生者是賢於貴生者也　古本

賢如猶賢乎介之賢夫惟無以厚爲其生

者是猶賢於貴其生者矣秦皇漢武焚書

阮儒反道敗德恣情縱欲苦万民以自貴

其生適以輕死及至末年招來方術東遊

海上求不死藥望遇神仙貽万世之誚觀

二君者是殊不知恭儉清靜脩己以安百

姓而享天年之道也

人之生章第七十六

有爲多欲者鮮有不强暴泰也故次之以

人之生也柔弱章

人之生也柔弱其死也剛彊

剛一本作堅今從古本○盅无爲和故柔
弱也和无既无故剛彊也

万物草木之生也柔脆其死也枯槁故剛彊
者死之徒柔弱者生之徒

前言人既如是此言物亦皆然以人物驗
之則知剛彊者死之徒柔弱者生之徒欲

強梁而自生其生者斷不可也明矣〇蘇曰

沖氣在焉則體无堅強之病至理在焉則

事无堅強之累

是必兵強則不勝

世〔蘇〕曰兵以義勝者非強也強而不義其

主兵者以慈則勝若恃強而不義則不勝

敗必速

木強則共故強大取下聲上

木強大則人共伐之木之強大者取下柔

木強則共故強大取下聲柔弱處上枯

弱者處上譬人之恃強自大者自取於下

柔弱者常處於上也蓋其道自然介

天之道章第七十七

剛強者是不知天道猶張弓也故炎之

以天之道章

天之道其猶張弓者歟高者抑之下者舉之

有餘者損之不足者補之天之道損有餘而

補不足也 粘

天道公平人鮮能知故取張弓之喻以明

之夫張弓者高則抑下則舉有餘者減不

足者補取其相稱而已

人之道則不然損不足以奉有餘

反天道也　蘇曰天无私故均人多私故均坏

孰能損有餘以奉天下唯有道者枯

有道者故能如此　蘇曰有道者贍足万物

而不辭旣以爲人已愈有旣以與人已愈

多非有道者无以堪此

是以聖人爲而不恃功成而不處其不欲見

賢能也聖人法天之道爲之而不恃功成

而不處其不欲見能於人也懧爲之而恃

功成而處以見其能於人豈天道也哉

天下莫不柔弱於水章第七十八

柔弱勝剛強天之道舉下抑高故次之

以天下莫不柔弱於水章

天下莫不柔弱於水而攻剛強者莫之能先

其无以易之也柔之勝剛弱之勝強

西昇經曰天下柔弱莫過於炁无莫柔弱

於道而此言天下莫不柔弱於水者就人

之易見者而喻之以申明柔弱之道也夫

兩剛相攻二俱有損而石剛也水能穴之

石有損而水无損是攻剛強者莫之能先

於柔弱也其无物可以變易之也由此而

推故柔之勝剛弱之勝強可知矣

天下莫不知而莫之能行

知而不行爲情欲使之皆好剛強也

是以聖人言受國之垢是謂社稷之主受國

不祥是謂天下之王也正言若反

聖人言絕句社稷者古者建邦立國左社

右稷社者五土之神也稷者祈穀之所也

民以食爲天故有國必先社稷而王者乃

社稷之主也祥者善也受國之垢者謂自

行謙下柔弱也受國不祥者謂自稱孤寡

不穀也誠能如此則是謂社稷之主天下

之王也此舉聖人之言證前義也夫謙下

柔弱本是法道而人以爲垢汙之行孤寡

不穀本以喻一喻虛而人以爲不祥之稱

故正言似與俗反也

蘇曰正言合道而反

俗俗以受垢爲辱受不祥爲殃故也

和大怨章第七十九

以剛強治民則有怨矣故次之以和大

怨章

和大怨必有餘怨安可以為善

為政以德則民自无怨苟不以德而剛強

多欲取之不以度使之不以時則民怨及

其有禍亂大作方且撫綏而和釋之則亦

必有餘怨矣安可以為善不若无怨之為

善也

是以聖人執左契而不責於人

責求也契之有左右者取其符合而已聖

人執左契以合德惟无私而已初不欲過

來於人也又何用聚斂之徒哉

者削木為契右契所以責事為取契也左

契所以符合蓋與契古者君臣一德天

下太平君无可責於臣而臣亦无可責於

民也安有怨乎

故有德司契无德司徹天道无親常與善人

音辯云司契主也徹去聲也經典徹與撤通

○故臣之有德以化之者聖人惟主於符

合而巳臣之无德而害民者聖人則主於

丟之盖契之无私而唯與有德者法天道

之无親而常與善人也周子曰善人多則
朝廷正而天下治矣　蘇曰天道无親唯善
人則與之契之无私亦猶是也唯合者得
之矣

小國寡民章第八十

聖人執左契而不責於人則民无怨而
各安其安矣故次之以小國寡民章

小國寡民使民有什伯之器而不用也本
老子前言治大國莅天下之式而此言小
國者謂王者有道則國不在大民不在多

誠能无欲无爲則使民有什伯之器而不

用也什伯之器 **音辯** 云按西漢詔天下更

舍无得置什器儲偫 峙音 顔師古註云五人

爲伍十人爲什則共器物故通謂之什伍

之具爲什器猶今之從軍及作役者十人

爲火共畜調度也

使民重死而不遠徙雖有舟輿无所乘之雖

有甲兵无所陳之使民復結繩而用之

復扶冨反又也上化清靜民不輕死何用

遠徙乘舟輿者多爲利名既不知名利則

雖有而不乘動甲兵者莫非仇讎既不致

仇讎則雖有而不陳也上古結繩而治今

民既淳朴則可使復結繩而用之化底和

平則雖結繩亦不用矣

至治之極民各甘其食美其服安其俗樂其

業鄰國相望雞狗之聲相聞使民至老死而

不相往來枯

傳 注 俗字引鄭玄之說謂土地所生習

也業字引賈逵云業猶次也尒雅云業事

也皆通室音士〇隨地所產以食以服甘

之美之不餒不凍隨其風俗務其業次安

之樂之不治而不亂鄰國雖其近而使民

各安其安自足其足至老死而不相往來

則焉有交爭之患如是則太古之風可以

復見蘇曰內足而外无所慕故以其所有

爲美以其所處爲樂而不復求也

信言不美章第八十一

　　民之各安其安自足其足端由上之有

　　道也故次之以信言不美章

信言不美美言不信善言不辯辯言不善桔

信實之言多朴直故不美甘美之言多華

飾故不信嘉善之言止於理故不辯辯口

利辭亂於理故不善　曰信則為實而已

故不必美美則為觀而已故不必信以善

為主則不求辯以辯為主則未必善也

知者不博博者不知聖人无積既以為人已

俞有既以與人已俞多枯

俞平聲註具第五章。通於一則萬事畢

故博者未必知一也聖人虛心應物故无

積物有限而道无窮故用之俞有俞多也

蘇曰能一以貫之則无所用博博學而曰
益者未必知道也聖人抱一而已它无所
積也然施其所能以為人推其所有以與
人人有限而已无盡然後知一之為貴也
天之道利而不害聖人之道為而不爭
天之道生育无窮未嘗害物聖人之道為
而不特未嘗爭競芟氏屢言元為而此言
聖人之道為而不爭者蓋聖人純於道者
也其為也出於无為與天同也故以是結
下篇焉亦收一經之旨也〇蘇曰勢可以利

人則可以害人矣力足以為之則足以爭

之矣能利害而未嘗害能爭而未嘗

爭此聖人與天為徒所以大過人而為萬

物宗者也河上公曰聖人法天所施為化

成事就不與下爭功名故能全其聖功也

老子道德經古本集註下

老氏仙蹤見之道藏史記聖賢紀載但降生

示現人或夢之歲月日時記異先後至

於諸家雜說未易殫舉刻註道德經者

古今數百人所見各殊得失玄有年代

深迴史亦闕疑可擇其真勿泥其道夫

道一而已矣脩之身其德乃真脩之家

其德乃餘脩之鄉其德乃長脩之邦其

德乃豐脩之天下其德乃普豈特用之

一已也哉大抵要先得其體而自脩身

始及其妙也上有變化不可得而測者在

去古人愈遠尤慮失真所以余解此經一

從古本蓋書坊刊行者其稍異處皆後

人臆說不得

老氏之意矣余幼時聞諸前脩曰河上公註

乃漢儒所爲託是名以借重耳不可執

此本以爲真河上公所註也當時結庵

于陝河之濱授與漢文帝者止是分章

句而巳何嘗有註來及觀晦庵序參同

契曰空同道士鄒訢其意謂鄒本春秋

邾子之國訴耶喜也余不覺戄然曰後
之不知空同道士乃晦菴隱其名以序
參同契亦猶本之不知河上公乃漢儒
借是名以註道德經也嗟乎三代尚稽
古孔子信而好古春秋變古則書之生
乎今之世切不可反古之道也聊摘數
科列于篇首俾覽者得以取正焉若夫
先覺之士固志筌蹄而後進之英尚資
梯級是書也不无比補然燿儇率弗敢
張露偶因道友來求難以藁付復念老

矣將形橋於一丘惟恐此經寖失古本

遂命工鏤板藏諸名山以俟來喆或有

修真之士體道之人欲傳受之亦所不

隱虔憑寶典口誦心持上祝

皇帝萬歲次願重臣千秋府縣官僚文武賢

德忠良顯著禄箓增崇廣及士民同隮

仁壽天清地靜時和歲豐率土含生咸

歸有道繼全有得之者懍毋以為春秋

散於三傳易道微於九師能於靜室焚

香精心研味反照內參尋本源之真處

一旦玄通自得常久自然之道體其居

塵出塵而生育无窮則修身齊家治國

平天下廓然著聖賢地位不患不到

何止无愧於考亭去當亦知前脩之說

不誣而仲尼猶龍之喻尤妙也湛然堂

無隱齋谷神子范應元熏香謹序

書中引晦庵序參同契是范應元在未

之後今道藏不載是書宋許六不全遊此

字紙墨

畫印本為宋刊宋印無疑　藝風

以書道尾不收進民未子翼擬止不及真逵家決買笑

花君九色石玫褚彼房載逸所錄諸家有范筆陵恭戴

印此人沈株重詳攷之　九畬

范应元道德经集注无见著录家

微引譯据司马迁葛遷河上公鼎云

王弼傳舜唐言宗涛奉晁昌谓

详博两僧其事晁龙昭剖其後解

则祆引司马温公苏子由两家则

敗亡氏先之翼考明而衛氏立未訂其

書而竟遺藏去而不収亟可謂秘於徒矣

居至仲彥官新椽守黎託於上海寓

厲時年七十有四

此茊廎元集注老子道德經六沅㳇所藏
祕笈不見著錄沈乙盦以為即褚氏所引之
茊叅隱余檢茊氏原跋自署湛㳒堂叅隱
廎叅則信為叅隱固叅粮也乙盦偶未
拈出余特著之於此甲寅元夕邦述

案范氏所據古本音辯外凡三十家河上公王弼李羨愚張君相楊孚傅奕

孫登嚴遵蘇子由應吉父司馬溫公淮南子揚雄主静果帝簡文阮籍

馬誕韓非玉詔郭雲陳碧虛阮咸董遇司馬誕陳韶李奇司馬遜開

元御注樂王尚張嗣是也又有稱為西晉本者盖有舊注盖稱引所及

此所取也說解則為傅奕王弼韓康伯蘇子由河上公司馬溫公咸元英

陸德明程伊川司馬遜韓非玉雪張沖應十餘家或闡名理或采訓釋

六不盡拘此錄本是道家言之實事求是者後

元戚周頏陰父長州
辛酉丙戌折准一

沈姝傅君許叔諒心鄭蘇所也未全撮記於逡

范注今兩甲引鑒家推為祕笈宜也宋人喜引宋說心賴

此見其時風氣甲寅五月王闓運題